楽しみながら
学力アップ！ 小学生の

学習クイズ

1000

東京学習クイズ研究会 著

メイツ出版

はじめに

　本書には、国語・算数・理科・社会の4教科を中心に、なんと1000問ものクイズがおさめられています。基本的な知識を問うクイズから、中学受験に出題されるような高度なレベルのクイズまでのっていますので、この本を1冊読むだけで、「基礎的な学力」と「ワンランク上の学力」を同時に身につけることができるでしょう。勉強への興味がわくようなおもしろい雑学クイズも登場しますので、あきることなく、楽しみながらさまざまな知識を得ることができるはずです。また、豆知識やこたえの解説を読むことで、クイズへの理解をいっそう深めることもできますよ。

　本書を通して、学力の向上はもちろんのこと、「学ぶことの楽しさ」「知識を得ることのよろこび」もぜひ知ってほしいと願っています。

　ひとりで読んでも楽しいですが、ご家族やお友達と読んでたがいにクイズを出し合うのも、楽しいかもしれませんね。

東京学習クイズ研究会

※本書は2012年発行の『楽しくできる！　小学生の学習クイズ1000』を元に加筆・修正を行っています。

Q001

日本一面積の大きな湖である琵琶湖は、何県にある？

① 滋賀県

② 鳥取県

③ 鹿児島県

Q002

こん虫のからだは3つの部分からできています。からだのつくりの分け方で、正しいのはどれ？

① 頭・胸・足

② 触角・腹・足

③ 頭・胸・腹

Q003

「 ? の耳に念仏」は、どんなに意見をしても、効き目がないことのたとえだよ。 ? に当てはまる動物はどれ？

① うさぎ

② 馬

③ 象

Q004

1から100までに、15の倍数はいくつある？

① 1つもない

② 4つ　③ 6つ

Q005

1903年に、世界ではじめて飛行機による動力飛行を成功させた兄弟の名前は？

① レフト兄弟

② センター兄弟

③ ライト兄弟

Q006

画数が、9画でないのはどれ？

① 活　② 食　③ 思　④ 国

Q007

コーラやサイダーなどの炭酸飲料をコップにつぐと、あわが出るよね。このあわの正体は何？

① 二酸化炭素　② 水素

③ 酸素

Q008

人間の子どもとおとな、骨の数はどちらが多い？

① 子ども　② おとな

③ どちらも同じ

Q009

日本のお札に書かれている文字はどれ？

① NIPON GINKO

② NIPONN GINKO

③ NIPPON GINKO

Q010

こたえがもっとも大きい式は？

① 200 + 155

② 80 × 4

③ 685 − 350

Q011

年齢や障害の有無にかかわらず、すべての人が快適に利用できるようにつくられた製品設計のことを何という？

① ユニバーネコデザイン

② ユニバーサルデザイン

③ ユニバートリデザイン

Q012

東京都より東に位置する県はどれ？

① 岐阜県

② 島根県

③ 宮城県

Q013

セリ・ナズナ・ゴギョウ（ハハコグサ）・ハコベラ（ハコベ）・ホトケノザ（タビラコ）・スズナ（カブ）・スズシロ（ダイコン）は、「 ? の七草」と呼ばれているよ。 ? に入る季節は何かな？

① 春

② 夏

③ 秋

④ 冬

Q014

「 ? 交」、「意 ? 」、「 ? 国」を意味のある言葉にするには、 ? にどんな漢字を入れればいい？

① 見　② 外　③ 社　④ 海

Q015

夏季オリンピックの金メダル通算獲得数がもっとも多い国は、アメリカ合衆国。では、冬季オリンピックの金メダル通算獲得数がもっとも多いのは？

① 中国

② フランス

③ ノルウェー

豆知識　Q012の岐阜県は中部地方、島根県は中国地方、宮城県は東北地方にある県だよ。

Q016

六角形の対角線はぜんぶで何本？
① 5本　② 9本　③ 15本

Q017

次の国のうち、アメリカ合衆国と接していない国はどれ？
① カナダ
② メキシコ
③ イギリス

Q018

植物が芽を出すためには、空気、適切な温度、そして ＿？＿ が必要です。 ＿？＿ に当てはまる言葉は何？
① 風
② 水分
③ 日光
④ 愛情

Q019

日本の信号機（横型）を思い浮かべてみよう。真正面から見たとき、色の配列は左から順にどうなっているかな？
① 緑・黄・赤
② 赤・黄・緑
③ 赤・緑・黄

Q020

1 kmは何m？
① 10 m　② 100 m　③ 1000 m

Q021

対義語の組み合わせとして、まちがっているのはどれ？
① 黒⟺白
② 家⟺住宅
③ 午前⟺午後

Q022

アルファベットで、A、B、Cのあとにくる字は？
① R　② E　③ T　④ D

Q023

10 の逆数は？
① $\frac{1}{10}$　② 5　③ 100

Q024

次の文章では、どの部分が主語にあたる？

わたしはアイスクリームをよく食べます。

① わたしは
② アイスクリームを
③ よく
④ 食べます

3ページのこたえ

Q001 ① 琵琶湖の面積は滋賀県の面積の約6分の1。

Q002 ③

Q003 ②

Q004 ③ 15・30・45・60・75・90が15の倍数自体は減少するよ。

Q005 ③ ライト兄弟は、アメリカ出身の飛行機の発明家。

Q006 ④ 「国」だけ8画だね。

Q007 ① 二酸化炭素が水にとけて生じる弱い酸を「炭酸」という。

Q008 ① おとなになるにつれ、はなればなれになっている骨がくっつき、数

ヒントを参考にして、
? に当てはまる
漢字をこたえてね。

**4ページ
のこたえ**

Q009 ③ 日本のお札を発行している「日本銀行」のローマ字表記。

Q012 ③ 「外」を入れると、「外交」「意外」「外国」となるね。

Q013 ① 1月7日に、「春の七草」を入れたかゆ（七草がゆ）を食べる風習があるよ。

Q010 ①

Q011 ② 「ユニバーサル」には、「一般的」とい

Q015 ③ ノルウェーはスキーやスケートがとてもさかんな国。

Q014 ②

う意味があるよ。

Q025

太陽電 ?

ヒント 太陽の光（エネルギー）を電気にかえる装置。

Q026

? 畿地方

ヒント 中部地方の西側、中国地方の東側。

Q027

未 ?

ヒント 「過去」の対義語。

Q028

? 転

ヒント ある天体が、ほかの天体の周囲を一定の周期でまわること。

Q029

? 械体操

ヒント 鉄ぼう、平均台、とび箱など。

Q030

? 数

ヒント 2で割り切れない整数。

Q031

? 点

ヒント 太陽の表面に見える黒いはん点。

Q032

? 基

ヒント 東大寺・国分寺の造営に力を尽くした僧。

豆知識 Q032の東大寺は、仏教を保護した聖武天皇（701〜756年）の命で、都のあった奈良に建てられた。

Q033

? 製英語

（ヒント）日本で、英語の単語をもとに、英語らしくつくった語。

Q034

? 生類

（ヒント）カエル、サンショウウオ、イモリなど。

Q035

? 務省

（ヒント）国のお金の管理をおこなっている、国の組織の１つ。

Q036

? 国

（ヒント）首都はパリ。

Q037

円周 ?

（ヒント）3.14159……

Q038

? 路

（ヒント）＋極から出た電流が、－極へもどるまでの道。

Q039

? 語

（ヒント）尊敬語、謙譲語、丁寧語などの種類があるよ。

Q040

? 濁音

（ヒント）ぱ・ぴ・ぷ・ぺ・ぽ

Q041

平 ? 時代

（ヒント）794 年（延暦 13）からの約 400 年間。

Q042

? 法

（ヒント）かけ算のこと。

5ページ のこたえ

Q016 ②
多角形の対角線の数＝《頂点の数－3》×頂点の数÷2

Q017 ③
カナダはアメリカの北に、メキシコはアメリカの南に

Q018 ②
発芽に必要なのは、空気・温度・水分だ！

Q019 ①

Q020 ③

Q021 ②
意味が正反対の関係にある語を、「対義語」というんだったね。

Q022 ④

Q023 ①

Q024 ①

Q016 ②
位置しているよ。イギリスはヨーロッパの国だね。

**6ページ
のこたえ**

Q025 太陽電池

Q026 近畿地方　京都・大阪・滋賀・兵庫・奈良・和歌山・三重の2府5県からなる地域だよ。

Q027 未来　未来と過去のあいだは「現在」。

Q028 公転　地球は太陽のまわりを公転しているよ。

Q029 器械体操　「機械」と書かないように注意してね。

Q030 奇数　2で割り切れる数は「偶数」。

Q031 黒点

Q032 行基　奈良時代の僧。

Q043

水5万ℓとおとなのゾウ1頭。
重いのはどっち？

① 水5万ℓ

② ゾウ1頭

③ ほぼ同じ

Q044

20世紀は、西暦何年から何年？

① 1900年〜1999年

② 1901年〜2000年

③ 2000年〜2099年

④ 2001年〜2100年

Q045

こたえが20になる式はどれ？

① 5 + 3 × 5

② 4 − 2 × 10

③ 6 × 3 + 3

Q046

ふりがながまちがっている漢字は
どれ？

① 万国（ばんこく）

② 強情（ごうじょう）

③ 絵画（えが）

Q047

人間、ネコ、トカゲ、マグロなど
のように、背骨がからだを支えて
いる動物をまとめて何という？

① いせつき動物

② ついせき動物

③ せきつい動物

Q048

ある地図を見ると、実際には
1000m ある距離を、1cmであら
わしていました。この地図の縮尺
はいくつかな？

① 100分の1

② 1000分の1

③ 10万分の1

Q049

八角形はどれ？

①

②

③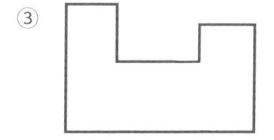

豆知識 Q044の世紀は、100年を単位とする、西暦における年代の数え方だよ。

Q050

五十音順の国語辞典をひいたとき、「失敗」よりうしろのページにあり、「状態」より前のページにある言葉はどれ？

① 情報

② 心臓

③ 正月

④ 実現

Q051

次の文章は、緑色植物がおこなっている「光合成」について述べたものです。　A　と　B　に入る言葉の組み合わせとして正しいのはどれ？

日光をもちいて、　A　と二酸化炭素から、でんぷんと　B　をつくり出す植物のはたらきを、「光合成」といいます。

① A：酸素　B：水

② A：酸素　B：種

③ A：水　　B：酸素

④ A：水　　B：種

Q052

435秒は何分何秒？

① 7分15秒

② 7分25秒

③ 7分35秒

Q053

トーマス・エジソンが発明にかかわったと言えないものはどれ？

① 電話機　　② 映写機

③ 顕微鏡　　④ 白熱電球

Q054

1日のうちで、太陽の高度（高さ）がもっとも高くなるのは何時ごろかな？

① 午前10時ごろ

② 正午（昼の12時）ごろ

③ 午後3時ごろ

Q055

この円グラフは、どんな作物の日本における生産量の割合を示したものかな？

① りんご　② レタス　③ だいこん

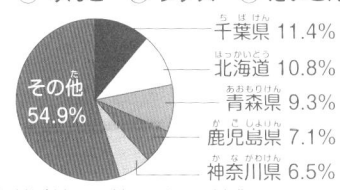

千葉県 11.4%

北海道 10.8%

青森県 9.3%

鹿児島県 7.1%

神奈川県 6.5%

その他 54.9%

生産量約136万t（平成28年度）

Q056

「目を丸くする」とは、どんなときにもちいる慣用句？

① おどろいたとき

② 悲しいとき

③ おこったとき

7ページのこたえ

Q033 和製英語　対する比。ふつうは3・14で計算。

Q034 両生類

Q040 半濁音　ハ行の仮名の右上に「゜」をつけてあらわす。

Q038 回路

Q035 財務省

Q039 敬語　相手や話題にあがっている人物などに対し、敬意（尊敬する気持ち）をあらわす言語表現。

Q036 仏国　フランスのこと。

Q041 平安時代

Q037 円周率　円周の直径に対する比。

Q042 乗法

**8ページ
のこたえ**

Q043
21世紀だよ。

Q045
①
ゾウの重さは重くても7tほど。それに対し、水5万ℓは50t。

Q046
③
「かいが」と読むよ。

Q047
③
せきつい動物は、魚類・両生類・は虫類・鳥類・ほ乳類に分

Q044
②
20世紀は2000年まで。2001年からは

Q048
③
1㎝は、1000mの十万分の1だね。

Q049
③
①は五角形、②は十角形だね。

Q057

「きり」と「もや」、見通しが良いのはどちら。
① きり　② もや

Q058

たし算のこたえをあらわす漢字はどれ？
① 和　② 輪　③ 羽　④ 話

Q059

世界的な作曲家、モーツァルトとベートーベン。先に生まれたのはどっち？
① モーツァルト
② ベートーベン

Q060

漢字の一部分で、その漢字を形のうえで分類するもとになっている部分のことを何という？
① 部頭
② 部口
③ 部首

Q061

植物性の食物（植物から得られる食物）はどれ？
① 卵　② 牛乳　③ 米

Q062

切り上げ・切り捨て・四捨五入などによってあらわされる、おおよその数のことを何という？
① 約数
② 分数
③ がい数

Q063

日本の都道府県で、もっとも人口が多いのは東京都。では2番目は？
① 北海道　② 神奈川県
③ 愛知県

Q064

「がまん強くしんぼうすれば、やがて成功がおとずれる」という意味のことわざ「石の上にも [?] 年」。[?] に入る語は？
① 三　② 十　③ 百

Q065

川がまっすぐな場合、川の中央と川岸では、どちらの流れがはやい？
① 川の中央　② 川岸
③ まったく同じはやさ

豆知識 Q059のモーツァルトはオーストリア出身の作曲家、ベートーベンはドイツ出身の作曲家だよ。

Q 066
縄文時代や弥生時代の人々は、どのような家で暮らしていた？
① いくつもの石を積み上げた家
② 地面をほり下げ、屋根をかけた家
③ 木の上につくった植物の家

Q 067
料理で「大さじ1杯」といったら、ふつう何㎖？
① 5㎖
② 15㎖
③ 30㎖

Q 068
次の漢字のなかで、2画目が太線になっている漢字はどれ？
①  上
②  下
③  左
④ 右

Q 069
「1光年」は約何km？
① 約946億km
② 約9460億km
③ 約9兆4600億km

Q 070
警視庁と警察庁、国全体の警察機関はどちら？
① 警視庁
② 警察庁

Q 071
夜に開花することでよく知られている花の名前は？
① ゲッカジョユウ
② ゲッカキレイ
③ ゲッカビジン

Q 072
次の文の種類として、もっとも当てはまるのは？
「あぁ、なんて うつくしい花なんだろう」
① 疑問文
② 命令文
③ かんたん文

Q 073
「太陽の塔」などで有名な、20世紀に活躍した日本を代表する芸術家の名前は？
① 岡本太郎　② 岡本次郎
③ 岡本三郎

9ページのこたえ
Q050 ③
Q051 ③ 光合成は、緑色植物が生きるうえで欠かすことのできない働きだよ。
Q052 ① 「1分＝60秒」から考えれば、こたえは出るよね。
Q053 ③ トーマス・エジソン（1847～1931年）はアメリカの発明家。数々の貴重な発明をおこない、「発明王」と呼ばれたよ。
Q054 ②
Q055 ③ りんごの生産量は青森県、レタスの生産量は長野県がダントツ。
Q056 ①

12〜13ページは、
大きさをくらべる問題だよ。
大きいのはどちらかな？

**10ページ
のこたえ**

Q057
② どちらも空気中の小さな水滴の影響で、遠くのものがかすんで見える状態のことをいうよ。1km以上の物体が見えないのが

きり、見えるのがもや。

Q058
① モーツアルトは1756年、ベートーベンは1770年の生まれ。

Q059
①

Q060
③

Q061
③ 卵も牛乳も、動物性の食物だね。

Q062
③

Q063
② 人口は約920万人。

Q064
①

Q065
①

Q 074
どっちの天体が大きい？

地球

月

Q 075
どっちの鳥が大きい？

タカ

ワシ

Q 076
どっちの内臓が大きい？

心臓

かん臓

Q 077
どっちの大仏が大きい？

奈良の大仏

鎌倉の大仏

Q 078
どっちのゾウが大きい？

アフリカゾウ

アジアゾウ

Q 079
どっちの国の面積が大きい？

日本

韓国

豆知識 Q077の奈良の大仏は東大寺（奈良県）に、鎌倉の大仏は高徳院（神奈川県）にあるよ。

Q080

どっちの楽器が大きい？

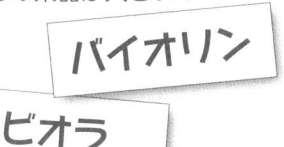

バイオリン

ビオラ

Q081

どっちの乾電池が大きい？

単2乾電池

単4乾電池

Q082

どっちの湖の面積が大きい？

サロマ湖

霞ヶ浦

Q083

どっちの島が大きい？

九州

四国

Q084

どっちの動物が大きい？

クジラ

イルカ

Q085

「大きい」という意味の英語はどっち？

LARGE（ラージ）

SMALL（スモール）

Q086

どっちの図形の面積が大きい？（円周率は3.14で計算すること）

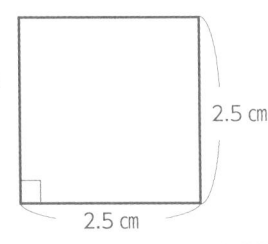

半径
1.5㎝の円

1.5㎝

1辺
2.5㎝の
正方形

2.5㎝

2.5㎝

11ページのこたえ

Q066
② 目が大線になっているよ。「左」と「右」の1画目のちがいに注意しよう。

Q067
② 漢字では、「月下美人」と書くよ。

Q071
③ たて穴式住居というよ。

Q072
③ 「かんたん文」は感動をあらわした文章。

Q069
③

Q070
② 警察庁は国の、警視庁は東京都の警察機関。

Q068
① ほかの漢字はすべて1画。

Q073
①

Q072
③ 「大さじ1杯」は15㎖、「小さじ1杯」は5㎖。

12ページのこたえ

Q074 良の大仏 奈良の大仏の高さは約14・9m、鎌倉の大仏の高さは約11・4m。

Q075 ワシ

Q076 かん臓 かん臓は、人体で最大の臓器。

Q077 奈

Q078 アフリカゾウ 体高（足から頭頂までの高さ）や重さだけでなく、牙の長さもアフリカゾウのほうが長いんだ。

Q079 日本 日本の面積は約37・8万㎢。韓国の面積は日本の約4分の1。

Q 087

地球の陸地と海を表面積でくらべたとき、その割合はどうなる？

① 陸地が約70%、海が約30%
② 陸地が約50%、海が約50%
③ 海が約70%、陸地が約30%

Q 088

「反時計回り」と同じ意味の言葉は？

① 右回り　② 左回り

Q 089

四捨五入して千の位までのがい数であらわしたとき、4000になる数字は？

① 4500　② 3497
③ 4477

Q 090

アルパカは、どの地域で飼われている家畜（人間の生活に役立たせるために飼育される動物）？

①南アメリカ
②アフリカ
③ヨーロッパ

Q 091

英語で「ジラフ（giraffe）」といったらどんな動物？

① カバ
② キリン
③ カモシカ

Q 092

四大発明とは、ふつうどのような発明のことをいうのかな。その組み合わせとして、正しいものをえらんでね。

① 紙・筆・印刷術・火薬
② 筆・印刷術・船・らしん盤
③ 紙・筆・火薬・らしん盤
④ 紙・印刷術・火薬・らしん盤

Q 093

本を数えるときには「冊」を使うよね。では、とうふを数えるときにはどんな語を使う？

① 丁　② 台　③ 枚

Q 094

こたえがかならず奇数になる計算式はどれ？

① 偶数×奇数
② 奇数＋奇数
③ 偶数＋奇数
④ 偶数÷偶数×偶数

豆知識 Q92に出てくるらしん盤は、磁石を使って方角を知る道具だよ。船などで利用されているね。

Q095

電流をよく通すのはどれ？
① ガラス　② 木の板
③ 鉄のくぎ

Q096

1チームの人数がもっとも少ないのは？
① 野球
② サッカー
③ アメリカンフットボール

Q097

次の文章は、弥生時代の人々の生活について述べたものです。
A と B に当てはまる言葉の組み合わせとして、正しいのはどれ？

本格的に A がつくられるようになり、鉄器や B の製作・使用もはじまった。

① A：麦　B：青銅器
② A：麦　B：ガラス
③ A：米　B：ガラス
④ A：米　B：青銅器

Q098

和製英語はどっちかな？
① ジーンズ
② ジーパン

Q099

ふりがながまちがっている漢字はどれ？
① 間近（まぢか）
② 移住（いじゅう）
③ 地震（ぢしん）

Q100

約分したとき、$\frac{3}{7}$ になる数は？
① $\frac{7}{3}$　② $\frac{9}{21}$　③ $\frac{12}{82}$

Q101

同じ量・温度の水では、さとうと食塩、どちらがたくさんとける？
① さとう　② 食塩　③ 差はない

Q102

京都府の伝統工芸品となっている、高級絹織物の名称は？
① 東陣織
② 西陣織
③ 南陣織
④ 北陣織

Q103

しばいの舞台の、客席から見て右側のことを何という？
① 上手　② 下手

13ページのこたえ

Q080 ビオラ　ビオラはバイオリンよりやや大きい弦楽器。

Q083 九州　2倍以上、九州のほうが四国より大きいよ。

Q081 単2乾電池

Q082 霞ヶ浦　霞ヶ浦の面積は琵琶湖に次いで

Q084 クジラ

Q085 LARGE（ラージ）

Q086 半径1・5㎝の円　円の面積は、1・5㎝×1・5㎝×3・14＝7・065㎠。正方形の面積は、2・5㎝×2・5㎝＝6・25㎠。

国内2位、サロマ湖は3位。

14ページ のこたえ

Q087 ③ 陸地よりも海のほうが広いんだね！

Q088 ②

Q089 ③

Q090 ① 毛を衣類などに利用するため、南アメリカで家畜化されたラクダ科の動物。

Q091 ②

Q092 ④ すべて中国で発明されたよ。

Q093 ① とうふは「1丁」「2丁」と数える。こうした数をあらわす語につけて、どのようなものの数量であるかを示す語を、「助数詞」というよ。

Q094 ③

Q104

ある物体の体積をはかると64cm³、重さをはかると576gありました。この物体の密度は？

① 9.0g/cm³
② 11.1g/cm³
③ 368.6g/cm³

Q105

つめ切り、せんぬき、ピンセットなどは、何の力を利用した道具だといえるかな？

① てこ ② 電気 ③ 遠心力

Q106

商店で売られているお菓子や卵。それらをつつんでいるプラスチック製パッケージには、どんなマークがついているかな？

①  ②

③

Q107

グリム童話『ブレーメンの音楽隊』に登場する動物の組み合わせとして、正しいのはどれ？

① ロバ・イヌ・ネコ・ニワトリ
② ウシ・イヌ・ネコ・ニワトリ
③ ロバ・イヌ・ニワトリ・ネズミ
④ ウシ・ネコ・ニワトリ・ネズミ

Q108

「150%」を小数であらわすとどうなる？

① 0.015 ② 0.15 ③ 1.5

Q109

現存（現在、生きていること）する地球上の動物で、もっとも大きな動物の名称で正しいのは？

① アオナガスクジラ
② クロナガスクジラ
③ シロナガスクジラ

Q110

「ショートカット（shortcut）」は女性の短い髪型の意味で日本ではよく使われるけど、外国ではどのような意味で使われている？

① 近道
② 交差点
③ 通学路

豆知識 Q107のグリム童話は、19世紀のはじめに、ドイツのグリム兄弟が編集した童話集だよ。

Q111

米づくりがさかんな地域として正しいのは？
① 北海道・東北・北陸地方
② 関東・近畿地方
③ 中国・四国地方

Q112

「くだもの」という意味をもつ言葉はどれ？
① 火菓子
② 水菓子
③ 土菓子

Q113

A君は 500 円もっています。そして B君は A君の半分、C君は A君の 4 倍のお金をもっています。3 人のお金を合計するといくらになるかな？
① 1750 円
② 2750 円
③ 3000 円

Q114

ダンゴムシの足の数は何本？
① 8 本　② 14 本　③ 18 本

Q115

人間（おとな）が 1 日にするおならの量って、だいたいどれくらいか知っているかな？
① 50 ㎖ ～ 200 ㎖
② 500 ㎖ ～ 2000 ㎖
③ 5 ℓ ～ 20 ℓ

Q116

ラムサール条約の正式名は、「特に ? の生息地として国際的に重要な湿地に関する条約」。 ? に当てはまる動物名は？
① サンショウウオ　② ミミズ
③ 水鳥

Q117

「蛍 ? の功」は、「苦労して勉強にはげんだ成果」という意味。 ? に入る漢字は何？
① 雨
② 雷
③ 雪

Q118

直角は何度？
① 90°
② 180°
③ 360°

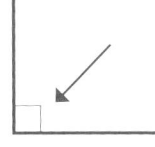

15ページのこたえ

Q095 ③

Q096 ① 野球は1チーム9人、サッカー、アメリカンフットボールは11人。

Q097 ④

Q098 ② 「ジーンズ」と「パンツ（ズボンのこと）」が合わさってできた和製英語。

Q099 ③ 「地震」のふりがなは「じしん」。

Q100 ②

Q101 ①

Q102 ② 京都市の西陣という地域で産出することから。

Q103 ① 客席から見て右側が「上手」、左側が「下手」。読み方に注意。

18〜19ページは、1月から12月までの「暦」をテーマにした問題だよ。

16ページのこたえ

Q104
① 密度＝重さ÷体積

Q105
①

Q106
③ 識別マークの種類は、このプラスチック製容器包装のマーク以外にも、いろいろあるんだよ。

Q107
① ブレーメンは、ドイツ北部の都市名。グリム童話にはほかに、『シンデレラ』『白雪姫』『赤ずきん』『ヘンゼルとグレーテル』などがあるね。

Q108
③

Q109
③ 大きなものでは、全長が30mにも達するんだって。

Q110
①

Q119
1年は12の月から成り立っているよね。では、31日まである月はいくつある？
① 5 ② 6 ③ 7 ④ 8

Q120
1年は365日だけど、うるう年のときは何日になる？
① 363日 ② 364日
③ 366日 ④ 367日

Q121
正月の書き初めは、本来1月の何日におこなうもの？
① 1月1日
② 1月2日
③ 1月3日

Q122
2月の行事ではないのは？
① 節分
② 七五三
③ バレンタインデー

Q123
5月の第2日曜日は「？の日」。？に入る言葉は？
① 父 ② 母

Q124
5月4日は「？の日」。？に入る言葉は？
① あお ② あか
③ みどり ④ しろ

Q125
「端午の節句」と関係ないのは？
① こいのぼり

② 武者人形

③ ひな人形

Q126
「敬老の日」は何月の第3月曜日？
① 8月　② 9月
③ 10月　④ 11月

Q127
大みそか（12月31日）の夜に
食べるものといえば？
① りんご　② そば　③ ピザ

Q128
次にあげた国民の祝日のうち、日
付がまちがっているのはどれ？
① 建国記念の日……2月11日
② 憲法記念日………5月3日
③ 文化の日…………11月30日

Q129
実際にある国民の
祝日は？
① 海の日
② 空の日
③ 川の日

Q130
英語の「March（マーチ）」は何
月のこと？
① 1月　② 3月　③ 5月　④ 7月

Q131
「立夏」は、暦のうえで夏がはじ
まる日だよ。だいたい何月何日ご
ろかな？
① 5月6日ごろ　② 6月7日ごろ
③ 7月8日ごろ　④ 8月9日ごろ

Q132
下記は、各月の異称を記した表です。A、B、Cに入る
言葉の組み合わせで、正しいのはどれかな？
① A：水無月　B：師走　　C：長月
② A：水無月　B：長月　　C：師走
③ A：長月　　B：水無月　C：師走
④ A：長月　　B：師走　　C：水無月

1月	2月	3月	4月	5月	6月
睦月	如月	弥生	卯月	皐月	A
7月	8月	9月	10月	11月	12月
文月	葉月	B	神無月	霜月	C

Q133

ご石を下の図のように、黒1個、白2個の順でならべていきます。81番目にくるのは、黒と白のどちらかな？

●○○●○○●○○●○○……

① 黒のご石
② 白のご石

Q134

消化管にふくまれないのはどれ？
① 食道　② 肺　③ 大腸

Q135

A と B に当てはまる言葉の組み合わせとして、正しいのはどれかな？

文の途中にうつ「、」のことを A 、文の終わりにうつ「。」のことを B といいます。

① A：句点　B：中黒
② A：中黒　B：読点
③ A：句点　B：読点
④ A：読点　B：句点

Q136

1円玉に描かれている若木は、何の植物を描いたものかな？

① マツ　② サクラ
③ 特定のモデルはない

Q137

「1海里」は何m？

① 1852 m
② 2366 m
③ 3105 m

Q138

メダカのおすとめす、せびれに切れこみがあるのはどっち？

① おす　② めす

Q139

「冷静」の「静」と、同じ読みをふくむ言葉はどれ？

① 静脈　② 静電気　③ 静岡県

Q140

1日は24時間。では、1日は何秒？

① 48600 秒
② 64800 秒
③ 86400 秒

Q141

次のうち、固有名詞はどれ？

① 家
② 日本
③ やかん
④ チョコレート

18ページのこたえ

Q119 ③ 1年を366日にする年。

Q120 ③ うるう年は2月を29日（いつもの年は28日）とし、

Q121 ③ 31日まである月は、1月・3月・5月・7月・8月・10月・12月。

Q122 ② 七五三（子どもの成長を祝う行事）は、11月の行事だね。

Q123 ② ひな人形をかざるのは、3月3日の「桃の節句」だね。

Q124 ③ 自然に親しみ、感謝する日として制定された国民の祝日。

Q125 ③

豆知識 Q134の消化管には、食べたものの消化をおこない、その栄養を吸収する働きがあるよ。

Q142

| ? | にもっとも当てはまるものをえらんでね。

古墳時代は弥生時代に続く時代で、| ? | までをいいます。

① 3世紀後半ごろから7世紀ごろ
② 5世紀後半ごろから9世紀ごろ
③ 7世紀後半ごろから11世紀ごろ

Q143

渡り鳥はどれ？
① ハト　② カラス　③ ツバメ

Q144

「言う」の尊敬語として、正しいのは？
① さけぶ
② 述べる
③ おっしゃる

Q145

日本ではじめて消費税がスタートしたのは何年のこと？
① 1989年（平成元年）
② 1999年（平成11年）
③ 2009年（平成21年）

Q146

次の表現で、「10」がふくまれるのはどれ？
① 10未満
② 10以上
③ 10より上

Q147

オリンピックのシンボルマーク（五輪）で使用されていない色は？
① 青　② 黄　③ 黒
④ 緑　⑤ 赤　⑥ 茶

Q148

写真の建物の名称は？
① 最高裁判所
② 首相官邸
③ 国会議事堂

19ページのこたえ

Q126 ②

Q127 ②

Q128 ③ 文化の日は11月3日、「自由と平和を愛し、文化をすすめる日」。

Q130 ②

Q131 ①

Q132 ②

Q129 ① 海の日は7月の第3月曜日、「海の恩恵に感謝するとともに、海洋国日本の繁栄を願う日」。なお、建国記念の日は「国を愛する心を養う日」、憲法記念日は「日本国憲法の施行（法の効力が発生すること）を記念する日」。

？に当てはまる文字をカタカナでこたえてね。こたえは、前の問題のこたえを2文字だけかえたものが入るよ。

ここからスタート！

| エ | ジ | ソ | ン |

ヒント アメリカの発明王だ！

2文字かえてね

Q149

| ？ | ？ | ？ | ？ |

ヒント ピラミッドで有名な国だね。

2文字かえてね

Q150

| ？ | ？ | ？ | ？ |

ヒント エンジンが止まること。

2文字かえてね

Q151

| ？ | ？ | ？ | ？ |

ヒント 鉄棒にぶら下がって、ヨイショ、ヨイショ。

2文字かえてね

Q152

| ？ | ？ | ？ | ？ |

ヒント 輸血を必要としている患者さんたちのために。

2文字かえてね

Q153

| ？ | ？ | ？ | ？ |

ヒント 終わり。しめくくり。

2文字かえてね

Q154

| ？ | ？ | ？ | ？ |

ヒント ゆでた赤えんどうや寒天がおいしいね。

20ページのこたえ

Q133 ②

Q134 ② 消化管は、口から食道・胃・小腸・大腸などを経て、こう門にいたる管。

Q138 ① しりびれでも区別できる（平行四辺形に近いのがおす、おすより小さく三角形に近いのがめす）。

Q137 ① 海里は、海面上や航海上の距離の単位。

Q139 ②

Q140 ③

Q141 ②

Q135 ④

Q136 ③ それ1つだけに与えられた名称をあらわす語を「固有名詞」という。

豆知識 Q149のピラミッドとは、石やレンガで造られた四角すい形の巨大建造物のことをいうよ。

ここからスタート！

ヒント つまらないな〜

タ	イ	ク	ツ

2文字かえてね

Q155

ヒント 雨や風が強くてたいへん！

？	？	？	？

2文字かえてね

Q156

ヒント 「和風」の対義語。

？	？	？	？

2文字かえてね

Q157

ヒント 行きと帰り。

？	？	？	？

2文字かえてね

Q158

ヒント 江戸城のこの場所に、将軍の奥さんたちがいたんだね。

？	？	？	？

2文字かえてね

Q159

ヒント 日本では絶滅してしまった、イヌ科のほ乳類だよ。

？	？	？	？

2文字かえてね

Q160

ヒント 目じりと耳の上のあいだ。

？	？	？	？

2文字かえてね

Q161

ヒント ラブレターを日本語で？

？	？	？	？

21ページのこたえ

Q142 ① 古墳（土を高く盛ってつくり上げた有力者の墓）がさかんにつくられたことから、この時代名称がついたよ。

Q148 ③ ハクチョウやカッコウなども渡り鳥だよ。 国会議員たちにより、国の法律が、この建物のなかで決められます。場所は東京都千代田区永田町。

Q144 ③

Q145 ① 当時の消費税は3％でした。

Q146 ②

Q147 ⑥

Q143 ③

22ページ
のこたえ

Q149 エジプト 古代文明発祥の地として知られるアフリカ北東の国。

Q150 エンスト エンジンストップの略。

Q151 ケンスイ（けん垂）

Q152 ケンケツ（けん血）健康な人が、輸血用の血液を無料で提供すること。

Q153 ケツマツ（結末）

Q154 ミツマメ（みつ豆）ゆでた赤えんどう、寒天、果物などにとうみつをかけた夏の定番デザートの1つ。

Q162

読み方がまちがっているのは？
① 大きい（おおきい）
② 氷（こおり）
③ 通る（とおる）
④ 父さん（とおさん）

Q163

秒速3m、分速150m、はやいのはどっちかな？
① 秒速3m
② 分速150m

Q164

春の花でないのはどれ？
① サクラ
② パンジー
③ キク

Q165

日本の都道府県の数は、全部でいくつ？
① 45　② 46　③ 47　④ 48

Q166

「カラオケ」の「オケ」は何の略？
① OK（オーケー）
② 大きな計器
③ オーケストラ

Q167

お寿司屋さんで「ムラサキ」といったら何のこと？
① 酢飯
② しょうが
③ しょうゆ

Q168

? にどんな数字が入れば、次の比例式が成立する？

$$6 : ? = 2 : 5$$

① 1　② 10　③ 15

Q169

カブトムシ（成虫）を飼う際、えさとして、ふさわしくないのは？
① 米
② バナナ
③ はちみつ

Q170

「生活用水」の意味として正しいのは？
① 各家庭で使用される水
② 企業や飲食店で使用される水
③ ①と②を合わせたもの

豆知識 Q169のカブトムシは、自然界においては樹液（木のみきなどから出ている液）を吸って生きている。

Q171

将棋をすることを、「将棋を ? 」というよ。 ? に入る正しい言葉は？
① 置く
② 打つ
③ 指す

Q172

おどろきや感動の感情を示す「！」。このマークの名称は？
① エクスキューズマーク
② エクストリームマーク
③ エクスクラメーションマーク

Q173

1〜10までで、偶数と奇数はどちらが多い？
① 偶数
② 奇数
③ 同じ

Q174

夜行性の動物はどれ？
① ヤギ
② チンパンジー
③ ハト
④ フクロウ

Q175

「平成」の前の年号は「昭和」。ではその前は？
① 明治　② 大正　③ 慶応

Q176

トランプ1組の枚数は（ジョーカーをのぞく）？
① 45枚　② 49枚　③ 52枚

Q177

小説『ガリバー旅行記』は、どこの国で最初に発表された作品？
① アメリカ合衆国
② イギリス
③ インドネシア

Q178

次の数字で10万の位の数字は？

2589031

① 2　② 5　③ 8

Q179

人間のように、母親の乳をのんで成長する動物は？
① クジラ
② ワニ
③ カエル

23ページのこたえ

Q155 タイフウ（台風）北太平洋（赤道）より北の太平洋の南西部に発生する、最大風速が毎秒17・2m以上の熱帯低気圧。

Q156 ヨウフウ（洋風）世紀のはじめに絶滅。

Q157 オウフク（往復）

Q158 オオク（大奥）

Q159 オオカミ（狼）日本のオオカミは20

Q160 コメカミ（こめかみ）米をかむと動くことからこの名がついたよ。

Q161 コイブミ（恋文）

24ページ のこたえ

Q162 ④「父さん」の読み方は「とうさん」。

Q163 ① 秒速3mを分速になおすと、分速180mになるね。

Q164 ③ キクの花は秋にさくよ。

Q165 ③ 1都1道2府43県の計47都道府県。

Q166 ③ お寿司屋さんで「ムラサキ」はしょうゆ、

Q167 ③「シャリ」は酢飯、「ガリ」はしょうがのこと。

Q168 ③

Q169 ①

Q170 ①は家庭用水、②は都市活動用水というよ。

Q180

「震度」と「マグニチュード」、地震のゆれの強さを示すのはどっち？

① 震度

② マグニチュード

Q181

意味がちがうのはどの文章？

① 彼は10時きっかりに来た。

② 彼は10時ちょうどに来た。

③ 彼は10時前に来た。

Q182

次のうち、こたえがほかの式とちがうのはどれ？

① 48 ÷ 6

② 9 × 7 ÷ 21

③ 30 + 21 − 43

④ 2 × 2 × 2

Q183

外国の川とくらべ、日本の川にはどのような特色があるかな？

① 短い川が多く、流れが急

② 短い川が多く、流れがゆるやか

③ 長い川が多く、流れが急

④ 長い川が多く、流れがゆるやか

Q184

フランス料理の「エスカルゴ」とは、どんな動物の料理？

① セミ

② アザラシ

③ カタツムリ

Q185

日本の気象衛星のニックネームは？

① あさがお

② ひまわり

③ さくら

Q186

これらの漢字の、□で囲った部分の名称は？

類　順　頭

① まめがい

② しょうがい

③ おおがい

Q187

2000個のおまんじゅうを、12個ずつ箱に入れました。箱に入らずにあまるおまんじゅうの数は？

① 4個

② 6個

③ 8個

豆知識 Q185の気象衛星とは、地球の気象観測のために打ち上げられた人工衛星のこと。

Q188

平安時代中期から後期にかけて発達した、日本風の文化のことを何という？

① 縄文文化　② 国風文化
③ 江戸文化

Q189

『ギリシャ神話』に登場する怪物メドゥーサ。かみの毛はどんな動物になっている？

① ヘビ　② ムカデ　③ トカゲ

Q190

「紀行文」とは、どのような体験や感想をつづったものかな？

① 夢
② スポーツ
③ 旅行

Q191

1インチは何㎝？

① 2.54 ㎝
② 4.52 ㎝
③ 5.42 ㎝

Q192

日本の初代内閣総理大臣の名は？

① 伊藤博文
② 田中角栄
③ 桂太郎

Q193

次のこう貨で、1枚の重さがもっとも重いのは？

① 1 円玉　　② 5 円玉
③ 10 円玉　④ 50 円玉

Q194

時計の短針は1時間に何度動く？

① 10°　② 15°　③ 30°

Q195

よく日の当たる地面にぼうを立ててみたところ、右図のようなかげができました。午前の時間帯だとすると、北の方角はどの方向？

① ア　② イ　③ ウ

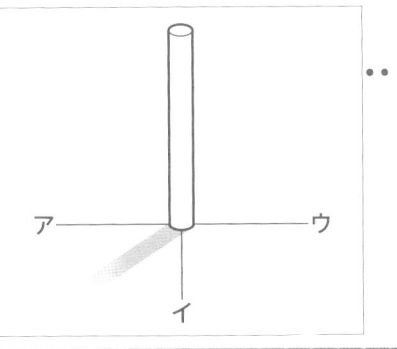

25ページのこたえ

Q171 ③ 将棋は「指す」、囲碁は「打つ」。

Q172 ③

Q173 ③

Q174 ④ 夜行性の動物とは、フクロウのように、昼間は

Q175 ② 慶応→明治→大正→昭和→平成

Q176 ④ 4種各13枚で計52枚。

Q177 ② 1726年にイギリスで刊行された。

Q178 ②

Q179 ① クジラは魚類ではなく、ほ乳類だったね。

Q171 ③ 体を休め、主に夜活動する動物のことをいう。

ア　　　　ウ

イ

28〜29 ページの問題は、下の表を見ながらこたえてね。この表は、5人のお友達の生まれた国やしゅみをまとめたものだよ。

名前	性別	身長	出身国	しゅみ	将来の夢
こうた	男	151.5 ㎝	日本	？	警察官
エミリー	女	151.8 ㎝	アメリカ	ピアノ	？
リンリン	女	147.0 ㎝	中国	手芸	医者
マウロ	男	150.6 ㎝	？	料理	？
ルイス	男	152.4 ㎝	ブラジル	？	学校の先生

Q196

5人のなかで、3番目に背が高いのはだれ？

① こうた　② エミリー

③ マウロ

Q197

女の子の平均身長は？

① 148.4 ㎝　② 149.4 ㎝

③ 150.4 ㎝

Q198

小数第一位を四捨五入して身長を出したとき、身長が 152 ㎝ となるのは何人？

① 1人　② 2人　③ 3人

Q199

この国旗は、だれの生まれた国のもの？

① エミリー

② リンリン

③ マウロ

Q200

マウロ君の生まれた国は、日本とほぼ同緯度にあるよ。次のなかからえらんでね。

① タイ　② イタリア　③ ケニア

Q201

南半球にある国の出身はだれ？

① こうた　② リンリン　③ ルイス

26 ページのこたえ

Q180
①震度は地震のゆれの度合い、マグニチュードは地震の規模を示す。

Q181
③

Q182
②だけこたえは3、①、③、②のこたえは8。

Q183
①日本は、国土面積が小さく、山地が多い地形であるため。

Q184
③

Q185
②

Q186
③

Q187
③「2000÷12＝166あまり8」から、まんじゅう12個入りの箱が166個でき、8個のまんじゅうがあまることがわかる。

28

豆知識 Q201の南半球とは、地球を赤道で二分したときの、南側の半球のこと。

Q202

出身国がアジアなのは？

① こうたとエミリー

② エミリーとリンリン

③ こうたとリンリン

Q203

次のなかで、リンリンさんの生まれ育った都市として考えられるのはどこ？

① シャンハイ　② ボストン

③ ダラス

Q204

こうた君のしゅみは、エミリーさんの出身国でうまれたスポーツだよ。それは何？

① 卓球　② 柔道　③ 野球

Q205

ルイス君のしゅみは、彼の出身国の国技となっているスポーツだよ。それは何？

① ホッケー　② サッカー

③ ラグビー

Q206

リンリンさんが現在つくっているものは？しゅみから予想してね。

① 小説　② マフラー　③ クッキー

Q207

エミリーさんは将来、イヌやネコの毛をかり整えるペットの美容師になりたいと思っています。その職業名は？

① イヌマー　② トリマー

③ カバマー

Q208

マウロ君は将来、自分のしゅみを仕事にしたいと考えているよ。彼の将来の夢は何？

① パティシエ　② デザイナー

③ ピアニスト

Q209

「doctor（ドクター）」はだれの将来の夢を英語でいったものかな？

① こうた　② リンリン　③ ルイス

Q210

次の A ・ B ・ C には、5名のうちのだれかの名前が入ります。この条件を満たすとき、A はだれかな？

・ A と B の身長差は1.8㎝

・ B は C より背が低い

・ C は女の子

① マウロ　② リンリン

③ ルイス

27ページのこたえ

Q188 ② 文学、建築様式などで独特の文化が発達。大臣は伊藤博文（1841～1909年）。日本の近代化に力を尽くしたが1909年（明治42年）に暗殺された。

Q189 ①

Q190 ③

Q191 ①

Q192 ① 日本の初代内閣総理

Q193 ③

Q194 ③ 1時間で30度、12時間で360度動く。

Q195 ①

0ｇ、5円玉は3・75ｇ、10円玉は4・5ｇ、50円玉は4・0ｇ。

1円玉は1。

Q211

右の円グラフは、空気にふくまれる気体の種類を示したものです。 ？ にはどんな気体が入るかな？

① ちっ素　② アルゴン　③ 二酸化炭素

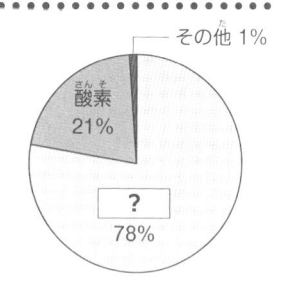

その他 1%

酸素 21%

？ 78%

28ページのこたえ

Q196 ①

Q197 ②
中国（中華人民共和国）の国旗には、左上に大きな星1つと、小さな星4つが配されている。地の色は赤色、星の色は黄色。

Q198 ③
こうた君（151・5㎝）、エミリーさん（151・8㎝）、ルイス君（152・4㎝）の3人。

Q199 ②

Q200 ②
イタリアと日本はほぼ同緯度。タイ、ケニアは日本より南に位置する。

Q201 ③
日本も中国も北半球の国。

Q212

「意味 ？ 」の ？ に当てはまる言葉を入れ、四字熟語を完成させよう。

① 身長　② 慎重
③ 深長　④ 新調

Q213

ひし形の面積は、どのように求める？

① 1辺×1辺÷2
② 1辺×対角線
③ 対角線×対角線
④ 対角線×対角線÷2

Q214

12世紀の終わりごろ、鎌倉に幕府を開いた人物の名は？

① 源義朝
② 源義経
③ 源頼朝

Q215

近くにあるものを指し示すときの言葉として、適切なのは？

① あの　② どの　③ その

Q216

楽器のばんそうがない歌のことを何という？

① アオペラ
② アカペラ
③ シロペラ

Q217

「Time is money.（タイム イズ マネー）」とは、何の大切さをいった言葉？

① 時間　② 金　③ 友達　④ 親

Q218

象形文字ではない漢字はどれ？

① 山　② 月　③ 三　④ 日

豆知識 Q218の象形文字とは、絵がもとになってできた文字のこと。「木」や「川」などもそうだよ。

Q219

夏の南の夜空にかがやく、さそり座でもっとも明るい星の名前は？
① ワタシレス　② オマエレス
③ アンタレス

Q220

120円の商品が2割引きになっていました。この商品の値段はいくらになった？
① 60円
② 96円
③ 100円
④ 104円

Q221

「ユーラシア」とは、どの地域とどの地域をまとめていった言葉？
① ヨーロッパと北アメリカ
② アジアとヨーロッパ
③ アジアと北アメリカ

Q222

次のカードの文字を正しくならべ、ごみを燃やした際や、自動車の排ガスなどから発生する、環境汚染物質の名称を完成させよう。

Q223

次の式の ? にどんな数字を入れると、式は成立するかな？ ? には同じ数字が入るよ。

$$? \times 16 = 576 \div ?$$

① 2　② 4　③ 6　④ 8

Q224

次のことがらのなかで、2000年以前におこったことはどれ？
① 阪神・淡路大震災
② アメリカ同時多発テロ事件
③ サッカーのワールドカップ（日本と韓国の共同開催）

Q225

「ポロ」は、ある動物に乗りながら、スティックでボールを打って相手側のゴールに入れる競技だよ。その動物とは？
① ゾウ　② ウマ　③ ヒツジ

Q226

次の星のなかで「こう星」はどれ？
① 太陽　② 地球　③ 月

Q227

「精進」の類義語はどれ？
① 助言　② 努力　③ 飛行

29ページのこたえ
Q202 ③ 日本と中国はアジア、アメリカは北アメリカ、イタリアはヨーロッパ、ブラジルは南アメリカの国。
Q203 ① シャンハイは、中国最大の商工業都市だよ。ボストン、ダラスはアメリカの都市。
Q204 ③
Q205 ②
Q206 ② 手芸には、編み物、ししゅう、人形作りなどがあるね。
Q207 ②
Q208 ① パティシエとは、菓子職人のこと。
Q209 ②
Q210 ③

Q228

ことわざ「損して ? とれ」。 ? に当てはまる言葉は？
① 夢　② 金　③ 得

Q229

「バタフライ」という泳ぎ方の名称は、両手で同時に水をかいて進む姿が何に似ていることからつけられた名前？
① ハチ　② チョウ　③ トンボ

Q230

心臓から出る血液を、体の各部分へ送りだす血管はどっち？
① 動脈　② 静脈

Q231

「たいへいよう」を漢字で書いたとき、正しいのは？
① 大平洋
② 太平洋
③ 犬平洋

Q232

次のうち、2本の対角線の長さがかならず等しくなる図形は？
① 台形
② 長方形
③ 平行四辺形

Q233

氷は何度でとけはじめる？
① －10℃　② 0℃　③ 5℃

Q234

次の文章の下線部分を漢字にしたとき、正しいのはどれ？

**教科書の文章を
ノートにうつす。**

① 移す　② 映す　③ 写す

Q235

「親子どんぶり」は、卵と何の肉を使った料理？
① ブタ　② ウシ　③ ニワトリ

Q236

産業革命は18世紀後半にどこの国ではじまった？
① ドイツ
② イギリス
③ アメリカ

Q237

「速さ」を求める公式として正しいのは？
① 道のり＋時間
② 道のり×時間
③ 道のり÷時間

**30ページ
のこたえ**

Q211 ① その他には、アルゴン、二酸化炭素、ネオン、ヘリウムなどがふくまれる。

Q212 ③ 奥深い意味のあること。また、表面上とは別の意味がかくされていること。

Q213 ④

Q214 ③ ①の義朝は頼朝の父、②の義経は頼朝の弟。

Q215 ③

Q216 ②

Q217 ① time(タイム)は時間、money(マネー)は金。日本語になおすと「時は金なり」。

Q218 ③

豆知識 Q236の産業革命とは、技術の大幅な進歩によって起きた、社会や経済の大変革のこと。

Q238

「美男子」を意味する言葉は？

① 一枚目
② 二枚目
③ 三枚目

Q239

緑色の果実がサラダなどでもちいられる植物といえば？

① アホカド
② アボカド
③ アボガト

Q240

植物の光合成は、葉の何という部分でおこなわれる？

① 葉白体　② 葉青体　③ 葉緑体

Q241

銚子市、焼津市、石巻市といった都市は、どんな産業がさかんな場所として有名？

① 農業　② 漁業　③ 工業

Q242

れいぎ作法という意味の言葉で正しいのは？

① カナー　② タナー　③ マナー

Q243

空気中における音の速さは、だいたい秒速何ｍ？

① 秒速 34 m
② 秒速 340 m
③ 秒速 3400 m

Q244

かかとの骨とふくらはぎの肉をつないでいる部分を何という？

① ハルレスけん
② ナツレスけん
③ アキレスけん

Q245

数字の 8 は英語で何という？

① five（ファイブ）
② eight（エイト）
③ seven（セブン）

Q246

室町幕府の初代将軍の名は？

① 足利義昭　② 足利義満
③ 足利尊氏

Q247

次のなかで、もっとも太陽から遠い場所にあるわく星は？

① 地球　② 火星
③ 水星　④ 金星

31ページのこたえ

Q219 ③

Q220 ②　120円の2割は24円。

Q221 ②　地球上の陸地面積の約3分の1をしめる。

Q222 ダイオキシン

Q223 ③

Q224 ①　阪神・淡路大震災は1995年、アメリカ同時多発テロ事件は2001年、サッカーのワールドカップ（日韓大会）は2002年。

Q225 ②

Q226 ①

Q227 ②　類義語とは、意味が似かよっている2つ以上の語のこと。

こんにちは、松尾芭蕉です。34〜35ページは、わたしやわたしのつくった俳句に関する問題です。

A

古池や　蛙飛びこむ　水の **？**

B

名月や　池をめぐりて　夜もすがら

C

五月雨を **？** 集めてはやし　最上川

32ページのこたえ

Q228 ③「目先のわずかな損は我慢して、それをもとに将来大きな利益を得よう」という意味。

Q229 ② チョウを英語でいうと

Q230 ①

Q231 ② 太平洋は「太」、大西洋は「大」。まちがいやすいので気をつけてね！

Q232 ②

Q233「バタフライ」。

Q234 ③

Q235 ③

Q236 ②

Q237 ③

Q248

次のうち、俳句の原則に当てはまらないものは？
① 五・七・五の３句からなる
② 話し言葉を使う
③ 季語が入る

Q249

芭蕉はいつの時代の人？
① 平安時代
② 鎌倉時代
③ 江戸時代

Q250

芭蕉は何歳まで生きた？
① 35歳　② 50歳　③ 70歳

Q251

『 **？** のほそ道』は、芭蕉作の旅日記の題名。 **？** に入る文字は？
① かわ　② やま
③ まえ　④ おく

Q252

芭蕉の生まれた「伊賀」は、現在の何県にあたる？
① 三重県　② 長野県　③ 栃木県

豆知識 季語とは、ある季節をあらわすと定められている語。たとえば「花見」は春、「うちわ」は夏の季語。

Q253

Aの句の　? 　に入る言葉は？
① 色　② 音　③ 上

Q254

Aの季語は「蛙」だよ。これはどの季節の季語？
① 春　② 夏　③ 秋　④ 冬

Q255

Aの句の「古池や」の「や」、**B**の句の「名月や」の「や」のような語を何という？
① 結び字
② 切れ字
③ つなぎ字

Q256

Aの句の「古池」、**B**の句の「池」は、どちらも芭蕉が住んでいた「芭蕉庵」にあった池です。では、この「芭蕉庵」があった場所は江戸（現在の東京都）のどこ？
① 深川
② 千住
③ 日本橋

Q257

Bの句の季語は？
① 名月　② 池　③ 夜

Q258

Bの句の季節はいつ？
① 春　② 夏　③ 秋　④ 冬

Q259

Bの句の「夜もすがら」とはどういう意味？
① 一晩中　② 夜明け　③ 真夜中

Q260

Cは夏の句で、季語は「五月雨」です。では、「五月雨」の読みとして正しいのはどれ？
① いつきう
② ごがあめ
③ さみだれ

Q261

Cの句の最上川のようすとしてふさわしいのはどっち？
① おだやかな流れ
② はげしい流れ

Q262

Cの句の最上川は、何県を流れる川？
① 山形県
② 岐阜県
③ 鳥取県

33ページのこたえ

Q238	Q242
②	③

Q243 ②

Q244 ③

Q246	③

Q247 ②

Q239	Q245
②	②

Q240 ③

Q241 ②

Q238 かっこいい人を「二枚目」、おどけた仕草をよくする人を「三枚目」というよね。

Q244 アキレスけんには、「いちばんの弱点」という意味もあるよ。

Q247 太陽に近い順から、水星、金星、地球、火星。

Q241 five（ファイブ）は数字の5、seven（セブン）は数字の7だよね。

**34ページ
のこたえ**

Q248
②

Q249
③

Q250
②

Q251
④

Q252
①

松尾芭蕉（1644～1694年）は、江戸時代前期を生きた俳人（俳句をつくる人）。芸術性の高い句を多く残し、後世に多大な影響を与えた。東北への旅をもとにした『おくのほそ道』のほか、『野ざらし紀行』『更科紀行』『嵯峨日記』などの作品がある。

Q263

2011年に、アフリカ最大面積の国・スーダンから、南スーダンが分離して独立。それにより、アフリカ最大面積の国はどこになった？

① エジプト　② エチオピア
③ アルジェリア

Q264

青白く光る星と赤く光る星、星の表面温度が高いのはどっち？
① 青白く光る星　② 赤く光る星

Q265

「水よう液」でないのはどれ？
① 塩酸　　② 牛乳
③ ソーダ水　④ 食塩水

Q266

「出世魚」とはどんな魚？
① 見た目が大きく派手
② 成長すると名前がかわる
③ 高値で取引される

Q267

「寸」は昔の日本で使われていた長さの単位。1寸は約何cmかな？
① 約3.03cm　② 約30.3cm
③ 約303cm

Q268

「きつねうどん」にのっているものといえば？
① もち　② あげ玉　③ 油あげ

Q269

筋肉や関節をのばす運動のことを何という？
① スチレット体操
② スレチット体操
③ ストレッチ体操

Q270

バロック音楽の代表的な作曲家といえないのは？
① バッハ
② ヘンデル
③ シューマン
④ ヴィヴァルディ

Q271

中国から伝わった発音をもとにした漢字の読み方を何という？
① 音読み
② 訓読み

Q272

5.7より大きく、$\frac{56}{5}$より小さい整数はいくつある？
① 4　② 5　③ 6

豆知識 Q270のバロック音楽は、16世紀末から18世紀なかばの西洋音楽。この時期に様々な器楽曲が発達。

Q273
次のうち第1次産業でないのは？
① 農業
② 建設業
③ 水産業

Q274
こん虫には足が何本ある？
①4本 ②6本 ③8本

Q275
「顔が広い」の意味として正しいのは？
① 知り合いが多い
② 態度が大きい
③ いつも笑顔

Q276
正方形の辺の長さを2倍すると、この新しい正方形の面積は、もとの正方形の何倍になる？
①2倍 ②4倍 ③8倍

Q277
室町幕府の力をおとろえさせ、戦国時代を引き起こすきっかけになった戦いを何という？
① 応仁の乱
② 壬申の乱
③ 天草の乱

Q278
「世界保健機関」の略称はどれ？
①ＯＷＨ ②ＷＨＯ ③ＨＯＷ

Q279
世界最大級のカルデラ（火山中央にできたほぼ円形のくぼ地）をもつことで有名な阿蘇山は、何県にある？
① 宮崎県
② 熊本県
③ 鹿児島県

Q280
「緑茶」と同じ意味は？
① 紅茶 ② 日本茶 ③ 中国茶

Q281
水素の性質としてまちがっているのは？
① 酸素と結合すると水になる
② 無色で無臭
③ 重さは空気の約14倍

Q282
「パソコン」の「コン」はコンピューターの略。では「パソ」は何の略？
① パラソル ② パーソナル
③ パーソナリティー

35ページのこたえ
Q253 ② / Q254 ① / Q255 ② / Q256 ① / Q257 ① / Q258 ③ / Q259 ① / Q260 ③ / Q261 ② / Q262 ①

Ｃの句は、芭蕉がいきおいよく流れる最上川を舟で下ったときに、心に感じたことをよんだものだよ。切れ字の名称は、句の切れ目に使うことから。作者の感動の中心を示す言葉につけられる。「や」のほかに、「かな」「けり」などもあるよ。

ヒントを参考にして、
? に当てはまる
漢字をこたえよう。

**36ページ
のこたえ**

Q263
③日本の約6・3倍。

Q264
①

Q265
②ある物質を水にとかしたものを水よう液という。①は塩化水素、③は二酸化炭素、④は食塩が水にとけたもの。など。

Q266
②ボラ（ハク→スバシリ・オボコ→イナ→ボラ→トド）、スズキ（セイゴ→フッコ→スズキ）

Q267
④

Q268
③

Q269
③

Q270
③

Q271
①

Q272
③6、7、8、9、10、11の6つ。

Q283

? 王星

（ヒント）太陽系の8番目のわく星。別名、ネプチューン。

Q284

起死 ? 生

（ヒント）四字熟語。意味は、絶望的な状態を立て直すこと。

Q285

等 ?

（ヒント）「＝（イコール）」のこと。

Q286

? 杉謙信

（ヒント）武田信玄や北条氏康らと争った戦国時代の武将。

Q287

? 食動物

（ヒント）肉と植物の、両方を食べて生きる動物。

Q288

野次 ?

（ヒント）自分とは関係ないのに、さわいだり見物したりする人。

Q289

? 三角形

（ヒント）3辺の長さがすべて等しい三角形。

Q290

? 歌

（ヒント）五・七・五・七・七の5句31音からなる和歌の一様式。

（豆知識）Q286の武田信玄（1521〜1573年）は、甲斐（現在の山梨県）や信濃（現在の長野県）を支配していた。

Q291

? 楽器

ヒント 三味線や小鼓など、日本の伝統的な楽器。

Q292

積 ? 雲

ヒント 巨大な山のように垂直に盛り上がった雲。別名、入道雲。

Q293

擬 ? 語

ヒント 物音や動物の声などをあらわす語。「擬音語」ともいうね。

Q294

倒 ?

ヒント 逆立ちのこと。体育の授業でやったかな!?

Q295

? 分数

ヒント $\frac{1}{2}$、$\frac{2}{5}$ のように、分子が分母より小さい分数。

Q296

大韓 ? 国

ヒント 韓国のこと。首都はソウル。

Q297

? 性花

ヒント 1つの花に、おしべとめしべをもつ花。

Q298

祖 ?

ヒント 英語では、「grandmother（グランドマザー）」。

Q299

? 令暮改

ヒント 意味は、方針や命令などがころころ変わること。

Q300

瀬 ? 内海

ヒント 本州、四国、九州に囲まれた日本最大の内海。

37ページのこたえ

Q273 ② 建設業は第2次産業に分類される。

Q278 ②

Q279 ②

Q280 ②

Q281 ③ 水素の重さは、空気の約14分の1。

Q274 ② 将軍家の跡継ぎ問題などがからみ、諸国の守護大名が細川方と山名方に分かれて戦っ

Q275 ①

Q276 ②

Q277 ① 1467年（応仁元）から11年間続いた争い。細川勝元と山名宗全の対立に、

た。

38ページ の こたえ

Q288 野次馬

Q286 上杉謙信 越後（現在の新潟県）など北陸地方一帯を支配。

Q283 海王星 太陽系のわく星では、もっとも太陽から遠いところにある星。

Q289 正三角形 辺の長さだけでなく、3つの角の大きさもすべて等しい（どの角も60度）。

Q287 雑食動物 タヌキ、ネズミ、人間などがそうだね。

Q284 起死回生

Q285 等号

Q290 短歌

Q301

「ぼんやりと覚えている」という意味の言葉で正しいのは？
① うら覚え　② うる覚え
③ うろ覚え

Q302

世界一高い電波塔・東京スカイツリーは、東京都の何区にある？
① 新宿区　② 台東区　③ 墨田区

Q303

A君の歩く速さは時速4km、B君の歩く速さは分速70m。速いのはどっちかな？
① A君　② B君

Q304

失敗した人を元気づけるとき、よく「ドンマイ！」って言うけど、これってどんな英語の略かな？
① Don't mind（ドント マインド）
② Don't mike（ドント マイク）
③ Don't mine（ドント マイン）

Q305

コオロギの耳（音を感じる場所）はどこにある？
① 触角　② あし　③ はね

Q306

東、西、南、北。この4つの漢字のなかで、2番目に画数が多いのは？
① 東
② 西
③ 南
④ 北

Q307

小野 ? 子は、遣隋使として隋（現在の中国）へ行った人物だよ。さて、? にはどんな漢字が入る？
① 兄　② 弟　③ 姉　④ 妹

Q308

? に当てはまる数字は何？

$$2 + 3 × ? = 20$$

① 4　② 5　③ 6

Q309

恐竜とマンモス、生きていたのはどっちが昔？
① 恐竜　② マンモス

Q310

次の音楽記号で、「強く」を指示する記号は？
① f　② mf　③ p

豆知識 Q307の遣隋使は、飛鳥時代に聖徳太子（厩戸皇子）が隋へ送った大和朝廷の使節のことだよ。

Q311

空がくもって、重苦しいようすを
あらわす言葉はどれ？
　① からっと　② じめじめ
　③ どんより

Q312

六面体のサイコロを2個同時に
振って、同じ目が出る確率は？
　① 6分の1　② 12分の1
　③ 36分の1

Q313

地球に近いのはどっち？
　① 太陽　② 月　③ ほぼ同じ距離

Q314

料理で、「半月切り」といったら、
どっちの切り方？

 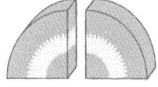 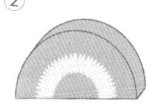

① ②

Q315

日本人の血液の型でいちばん多い
のは？
　① A型
　② O型
　③ B型
　④ AB型

Q316

アメリカ合衆国の初代大統領の名
前は？
　① タカントン
　② ワシントン
　③ ツルントン

Q317

「三角すい」はどっち？

① ②

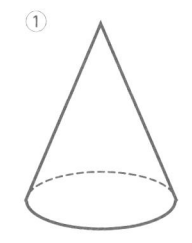 

Q318

次の県のうち、いちばん北にある
県はどれ？
　① 奈良県　② 長野県
　③ 徳島県

Q319

『坊っちゃん』『三四郎』などの作
品で知られる、日本近代文学の代
表的作家の名前は？
　① 太宰治
　② 芥川龍之介
　③ 夏目漱石

**39ページ
のこたえ**

Q291 和楽器

Q292 積乱雲

Q293 擬声語「わんわん（犬の鳴き声）」「ざあざあ（雨の音）」など。

Q294 倒立

Q295 真分数　分子が分母より小さい（または等しい）分数は仮分数というね。

Q296 大韓民国

Q297 両性花　1つの花におしべかめしべの一方だけをもつ花は単性花という。

Q298 祖母

Q299 朝令暮改

Q300 瀬戸内海

42～43ページの問題は、下のグラフを見ながらこたえてね。
グラフは、旭川市、横浜市、金沢市、那覇市の月別平均気温と月別降水量を示したものだよ。

※折れ線グラフは気温を、棒グラフは降水量を示しています。

40ページのこたえ

Q301 ③

Q302 ③

Q303 ②

Q304 ①

Q305 ②「気にするな」の意。

Q306 ①

Q307 ④小野妹子は607年にはじめて隋へ渡ったよ。

Q308 ③前あしにある。バッタは腹、ハエは触角と、こん虫によって耳の場所はちがうんだ。

Q309 ①B君の歩く速さを時速に直すと、60（分）×0・07（km）＝4・2（km）で、時速4・2kmになる。

Q310 ①「フォルテ」と読む。

Q320

4つの都市に共通している点は？
① 降水量100㎜以下の月がない。
② 12月より7月の降水量が多い。
③ 5月の平均気温は20℃以下。
④ 11月の平均気温は1月より高い。

Q321

年間平均気温が、那覇市の年間平均気温より7.3℃低いのは、どこの都市かな？
① 旭川市　② 横浜市　③ 金沢市

Q322

旭川市の1月の平均気温は？
① －7.5℃　② 1.9℃　③ 17.0℃

Q323

A と B に入る都市名で、正しい組み合わせはどれ？

A は B より年間平均気温は高いが、年間降水量は少ない。

① A：旭川市　B：横浜市
② A：横浜市　B：金沢市
③ A：金沢市　B：旭川市

旭川市 年間平均気温…6.9℃　年間降水量……1042.0㎜

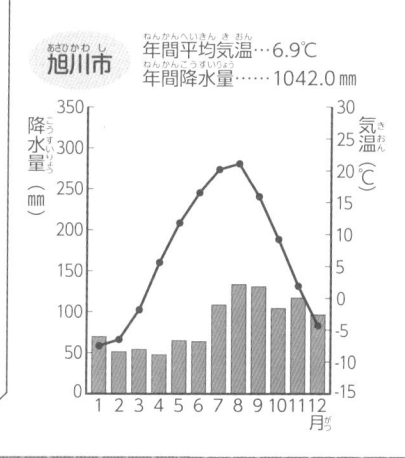

横浜市 年間平均気温…15.8℃　年間降水量……1688.6㎜

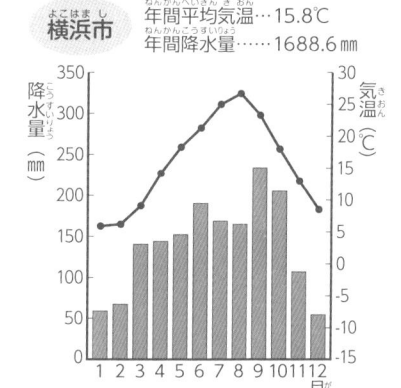

豆知識 降水量とは、降った雨や雪などがどこにも流れず、その場にたまった場合の水深のことをいうよ。

Q324

A と B に入る言葉で、正しい組み合わせはどれ？

日本のほとんどの場所では、 A に気温がもっとも高くなり、 B にもっとも低くなる。

① A：6月・7月　B：11月・12月
② A：7月・8月　B：1月・2月
③ A：8月・9月　B：12月・1月

Q325

旭川市は北海道、横浜市は神奈川県、那覇市は沖縄県の都市。では金沢市は何県にある？
① 富山県　② 石川県　③ 新潟県

Q326

梅雨がないのは？
① 旭川市　② 横浜市　③ 那覇市

Q327

都道府県庁所在地でないのは？
① 旭川市　② 横浜市
③ 金沢市　④ 那覇市

Q328

？ に当てはまる言葉は？

那覇市の年間降水量は、旭川市の約 ？ 。

① 3分の1　② 2分の1　③ 2倍

Q329

下のグラフで使用している気温・降水量のデータは、30年間（1981〜2010年）の数値を平均したものです。ではこのような、気温や降水量などの、過去30年間の平均値のことをなんという？

① 合年値　② 平年値　③ 均年値

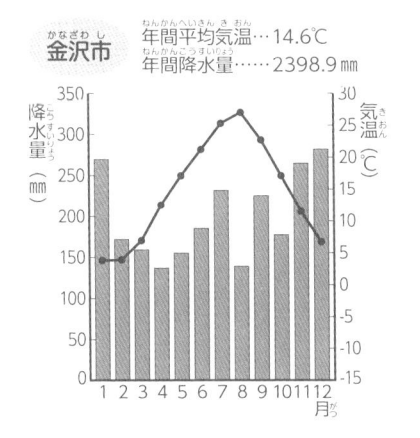

金沢市　年間平均気温…14.6℃　年間降水量……2398.9㎜

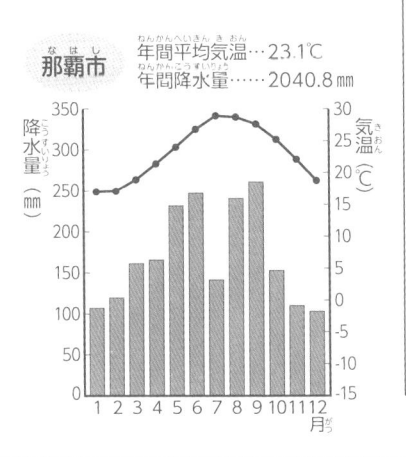

那覇市　年間平均気温…23.1℃　年間降水量……2040.8㎜

41ページのこたえ

Q311 ③
Q312 ②
Q313 ② 地球から月までの平均距離は約38万km、太陽までは約1億5000万km。
Q314 ②
Q315 ① 日本人の約4割がA型でもっとも多い。でもアメリカでは、O型の人がいちばん多いんだ。
Q316 ②は①
Q317 ② 「いちょう切り」。
Q318 ② ①の図形は「円すい」だね。
Q319 ③ 夏目漱石（1867〜1916年）は明治・大正期の小説家。

Q330

横の図形には、大小合わせていくつの三角形があるかな？

① 4つ　② 5つ　③ 6つ

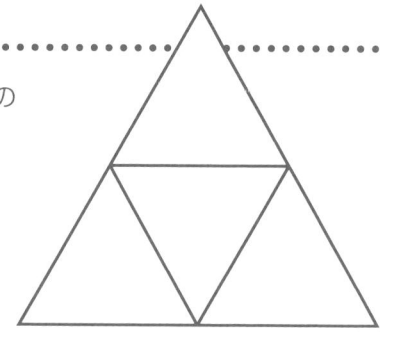

42ページのこたえ

Q320
④

Q321
②

Q322
①

Q323
②

しばられる（きびしく冷え込むこと）ね〜。

覇市がちがう。

共通しているのは④の「11月の平均気温は1月より高い」のみ。冬の旭川市では、1日の平均気温が、0℃を下回る日がたくさんあるんだ。①は旭川市と横浜市がちがう、②は金沢市がちがう、③は那

金沢市は年間を通して雨が多い都市で、冬には雪もよく降るよ。とくに1月は、

Q331

ことわざの「情けは人のためならず」の意味で、正しいのはどちら？

① 人に親切にすれば自分にもよい報いがかえってくるものだ。

② 人に親切にしすぎるのはその人のためにかえってよくない。

Q332

ほ乳類でないのは？

① イルカ　② ペンギン

③ アザラシ

Q333

あるトーナメント形式のサッカー大会に、64チームが参加しました。何試合やれば優勝チームが決まるかな？

① 63試合

② 64試合

③ 65試合

Q334

太平洋、大西洋、 ? の3つの広い海を三大洋といいます。 ? に入る海の名称は？

① 北極海　② 南極海

③ インド洋

Q335

漢字であらわすと「熊猫」。これってどんな動物？

① パンダ

② シロクマ

③ チーター

Q336

下の数は、ある規則にそってならんでいます。20番目にはどんな数が入るかな？

1、4、7、10、13……

① 58　② 59　③ 60　④ 61

豆知識 Q334の太平洋は、地球の表面の約3分の1をしめる世界最大の大洋（大きい海のこと）だ。

Q337

「ずい筆」と同じ意味の言葉はどれかな？
① 伝記　② きゃく本
③ エッセー

Q338

日本では、冬の季節風はどの方角から吹いてくる？
① 北西　② 北東
③ 南東　④ 南西

Q339

牛肉や豚肉で「ロース」といったら、どの部分のお肉？
① 内臓　② 背中　③ 腹

Q340

秋田県にある、最大深度が日本一の湖の名は？
① 小沢湖　② 田沢湖
③ 石沢湖

Q341

逆接の接続詞はどれ？
① つまり
② だから
③ しかし
④ したがって

Q342

時速40kmの速さで走る自動車に乗って、25km先にあるデパートへ行きました。かかった時間は？
① 37分30秒
② 45分20秒
③ 1時間36分

Q343

「時間をはかる」の「はかる」を漢字で書くとどうなる？
① 測る　② 計る　③ 量る

Q344

「火成岩」とは、何が冷え固まってできた岩石？
① マグマ
② 小石や砂
③ 生物の死がい

Q345

江戸幕府を開いた人物の名は？
① 織田信長　② 豊臣秀吉
③ 徳川家康

Q346

ひき算のこたえをあらわす漢字はどれ？
① 佐　② 査　③ 差　④ 左

43ページのこたえ

Q324 ② 42〜43ページのグラフにおいてもその傾向が見られるね。

Q326 ① 北海道では、梅雨前線が届かない関係上、梅雨の現象が見られないんだ。

Q328 ③

Q329 ② 平年値は10年ごとに更新されるよ。

Q325 ② 金沢市は石川県中部の都市。江戸時代には城下町として栄えていたんだ。

Q327 ① 北海道の道庁所在地は旭川市ではなく、札幌市だよ。

44ページのこたえ

Q330 ②

Q331 ①

Q332 ②

Q333 ①

Q334 ③

Q335 ①

Q336 ①

Q330 試合数は、参加チーム数から1をひいた数と同じになる。

Q332 意味のまちがいやすいことわざなので注意！

Q333 トーナメントの

Q334 インド洋は、アジア、アフリカ、オーストラリアの各大陸に囲まれた大洋。

Q336 3ずつ増えている規則に気づいたかな？ n番目にくる数字は、3（n－1）＋1の式から求められる。

Q347

ラーメンやうどんは何が原料となっている？

① そば粉　② 小麦粉

③ かたくり粉

Q348

冬の南の空に見える星で、もっとも明るい星は？

① シリウス　② アシウス

③ アゴウス

Q349

「海月」と書いて何と読む？

① ナマコ　② ヒトデ　③ クラゲ

Q350

「中東」と呼ばれる地域にある国でないのは？

① イラン

② ウルグアイ

③ イエメン

④ サウジアラビア

Q351

駿河湾などで見られるピンク色の小型のエビの名称は？

① モモエビ

② ウメエビ

③ サクラエビ

Q352

「すずめの涙」とはどんな意味？

① 非常に少ない

② 非常に軽い

③ 非常に見えにくい

Q353

次の数を切り捨てで、上から2けたのがい数であらわすとどうなる？

$$4777$$

① 4700　② 4770　③ 4800

Q354

東北地方にある地形はどれ？

① 天塩平野

② 浜名湖

③ 北上高地

④ 四万十川

Q355

「順風満帆」と書いて何て読む？

① じゅんふうまんぱん

② じゅんぷうまんぱん

③ じゅんふうまんほ

④ じゅんぷうまんほ

豆知識 Q350の中東とは、西アジアとアフリカ北東部の地域をまとめていった言葉だよ。

Q356

鉄のくぎを空気中で熱しました。熱する前と後では、重さはどのように変化する？

① 軽くなる

② 重くなる

③ 変わらない

Q357

伊能忠敬は、精密な何を作成したことで知られる？

① 城　② 日本地図

③ からくり人形

Q358

「バレッタ」「カチューシャ」「シュシュ」などの製品は、どの部分に使われるものかな？

① かみ

② 耳

③ 首

Q359

次のうち、南極にすんでいる動物はどれ？

① シロクマ

② ペンギン

③ セイウチ

Q360

青色の絵の具と赤色の絵の具をまぜあわせると何色になる？

① うす緑色

② むらさき色

③ オレンジ色

Q361

次の文章は「月食」についての説明です。　A　と　B　と　C　に入る言葉の組み合わせとして正しいのはどれ？

「月食」とは、　A　と　B　のあいだに　C　がきたとき、　B　の表面に　C　のかげがうつり、月面が欠けて見える現象をいう。

① A：太陽　B：月　C：地球　　② A：月　B：地球　C：太陽

③ A：地球　B：太陽　C：月

45ページのこたえ

Q337 ③

Q338 ①

Q339 ②

Q340 ②

田沢湖の最大深度は423.4m。

Q341 ③

Q342 ③

Q343 ②

時間は「計る」、長さは「測る」、重さは「量る」と大きく分けられる。

Q344 ①

火成岩はマグマの冷え方のちがいから、「深成岩」と「火山岩」に大きく分けられる。

Q345 ③

江戸幕府は、1603年（慶長8）に徳川家康が江戸（現在の東京都）に開いた武家政権。

Q346 ③

46ページ の こたえ

Q347 ②

Q348 ①

Q350 ②

Q351 ④

Q352 ①

Q353 ①

Q354 ③

Q355 ②

Q349 ③

手県東部の高地・北上高地。

ウルグアイは南アメリカにある国だね。

なお、天塩平野は北海道、

浜名湖は静岡県、

四万十川は高知県にある。

光度マイナス1・5等。

おおいぬ座の星で、地球からは8・6光年離れているよ。

東北地方にあるのは岩

Q362

世界一大きな湖であるカスピ海は、どれくらいの大きさがある？
① 九州とほぼ同じ
② 北海道とほぼ同じ
③ 日本とほぼ同じ

Q363

ボウリングは、何本のピンを目がけてボールを転がすスポーツ？
① 8本 　② 10本
③ 12本 　④ 16本

Q364

『人魚姫』『みにくいアヒルの子』『マッチ売りの少女』『裸の王様』『親指姫』などの作品を残した童話作家の名は？
① イソップ
② グリム兄弟
③ アンデルセン

Q365

1つの場所にとどまらず、ウシやヒツジといった家畜とともに移動しながら牧畜をおこなう民族のことを何という？
① 走牧民族 　② 運牧民族
③ 遊牧民族

Q366

「クロワッサン」はフランスでうまれたパン。ではその名称は何に由来する？
① 大空 　② 山脈
③ 三日月

Q367

1853年（嘉永6）、軍艦を率いて来日し、幕府に開国をせまったアメリカ人の名は？
① ペリー
② レザノフ
③ ラクスマン

Q368

競争で数人を一気に抜くことを、「 ? 抜き」というよ。 ? に入る言葉は何？
① かぶ
② ごぼう
③ だいこん

Q369

同じ重さの氷・水・水蒸気を体積の大きさ順にならべると、その順番はどうなるかな？
① 水蒸気・氷・水
② 氷・水・水蒸気
③ 氷・水蒸気・水

豆知識 Q363のボウリングは、ドイツの修道院でやっていた悪魔に見立てたこんぼうを倒す儀式が元だとか。

Q370

両眼が頭部の左側にあるのはどっちの魚？

① ヒラメ　② カレイ

Q371

鎌倉時代の随筆『徒然草』、その読み方で正しいのはどれ？

① とぜんそう

② つれづれぐさ

③ つれぜんくさ

Q372

500ℓ入る容器に、10秒間に1ℓのペースで水を入れました。容器が満杯になるまで何分かかる？

① 50分

② 71分40秒

③ 83分20秒

Q373

衆議院議員の選挙には、何歳から立候補できる？

① 20歳　② 25歳　③ 30歳

Q374

太陽の表面温度は約何度？

① 2500度　② 6000度

③ 10000度

Q375

体重計に立ってのった場合と座ってのった場合、表示される体重はどうかわる？

① 立ったほうが重くなる。

② 座ったほうが重くなる。

③ どちらもかわらない。

Q376

「山」の漢字が入る日本の都道府県はいくつある？

①4　②5　③6　④7

Q377

イノシシの肉を、野菜やとうふとともにみそで煮たなべ料理のことを何という？

① はり鍋　② けいと鍋

③ ぼたん鍋

Q378

18と45の最大公約数は何？

①3　②9　③18

Q379

生糸、綿糸、麻糸などの加工や織物関連の工業のことを何という？

①ひゃくい工業

②せんい工業

③まんい工業

47ページ のこたえ

Q356 ②
金属は熱すると酸素と結びつき、その酸素の分だけ重くなる。この反応を「酸化」というよ。

Q359 ②
ペンギンは南極、シロクマとセイウチは北極にすむ動物。

Q360 ②

Q358 ①
どれもかみをとめたり、まとめたりする製品だね。

Q361 ①

Q357 ②
伊能忠敬（1745～1818年）は江戸時代中期の地理学者。全国を歩いて回り、各地で測量をおこなったんだ。

50〜51ページはランキングクイズだよ。各問題の ? には、どんな地名や人名が入るかな。当てはまるものをそれぞれえらんでね。

48ページ
のこたえ

Q362 ③
Q364 ③
ロシアやイランなどに囲まれたカスピ海の面積は37万4000㎢（日本の面積は37万8000㎢）。
アンデルセンはデンマーク出身の童話作家。

Q365 ③
Q366 ③
Q367 ①
水が氷になると体積は約1.1倍、水が水蒸気になると体積は約1700倍になる。

Q363 ②
ペリーは翌1854年に再来日、日米和親条約を結んだよ。

Q368 ②
Q369 ①

Q380 都道府県の面積

1位 北海道 8万3424㎢
2位 ? 1万5275㎢
3位 福島県 1万3784㎢

① 岩手県 ② 長野県 ③ 新潟県

Q381 都道府県の人口密度

1位 東京都 6320人／㎢
2位 ? 4650人／㎢
3位 神奈川県 3800人／㎢

① 千葉県 ② 大阪府 ③ 福岡県

Q382 国の人口

1位 中国 13億8000万人
2位 ? 13億3000万人
3位 アメリカ合衆国 3億2000万人

① 日本 ② インド ③ ロシア

Q383 国の面積

1位 ロシア 1710万㎢
2位 ? 998万㎢
3位 アメリカ合衆国 983万㎢

① カナダ ② メキシコ ③ オーストラリア

豆知識 Q383の国の面積順位では、測定方法のちがいにより、アメリカではなく中国が3位になる場合もある。

Q384

世界の山の高さ

- **1位** エベレスト 8848 m
- **2位** ? 8611 m
- **3位** カンチェンジュンガ 8586 m

① K2　② マナスル　③ ポベジ

Q385

日本の山の高さ

- **1位** 富士山 3776 m
- **2位** ? 3193 m
- **3位** 奥穂高岳 3190 m　間ノ岳 3190 m

① 北岳　② 東岳　③ 中岳

Q386

日本の川の長さ

- **1位** ? 367 km
- **2位** 利根川 322 km
- **3位** 石狩川 268 km

① 最上川　② 天竜川　③ 信濃川

Q387

小学校の数

- **1位** 東京都 1339 校
- **2位** ? 1074 校
- **3位** 大阪府 1015 校

① 北海道　② 千葉県　③ 広島県

Q388

日本プロ野球 通算本塁打数

- **1位** ? 868 本
- **2位** 野村克也 657 本
- **3位** 門田博光 567 本

① 王貞治　② 張本勲　③ 原辰徳

Q389

サッカーワールドカップ 優勝回数

- **1位** ブラジル 5 回
- **2位** イタリア 4 回
- **2位** ? 4 回

① ドイツ　② タイ　③ フランス

49ページのこたえ

Q370
①両眼が頭部の左側にあるのがヒラメ、右側にあるのがカレイ。

Q371
②

Q372
③

Q373
②衆議院議員の被選挙権（選挙に立候補できる資格）は25歳以上、参議院議員の被選挙権は30歳以上。

Q374
②

Q375
③

Q376
②山形県・山口県・

Q377
③

Q378
②

Q379
②細い糸状の物質のことを、「繊維」という。

富山県・山梨県・和歌山県・岡山県・山口県の6県。

Q390

「バリアフリー」の例としてふさわしくないのはどれ？
① 道や床の段差をなくす
② 美しい工芸品をかざる
③ トイレに手すりをつける

Q391

a:b = 5:2、b:c = 4:1のとき、a：b：cはどうなる？
① 5：3：2
② 10：4：1
③ 15：9：4

Q392

現在の1万円札の肖像はだれ？
① 福沢諭吉
② 野口英世
③ 樋口一葉

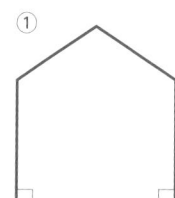

Q396

次の図形のうち、台形といえるのはどれ？

① ② ③

Q393

次のうち、完全変態（さなぎの段階をへて成虫になること）のこん虫はどれかな？
① トンボ
② バッタ
③ クワガタ

Q394

①も②も「ライト」と読むけど、「右」を意味するのはどっち？
① light
② right

Q395

突然のできごとにおどろくことを、「寝耳に ？ 」というよ。 ？ に入る言葉は何？
① 雷　② 水　③ 雪

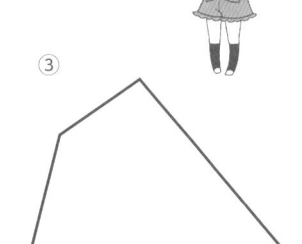

50ページ
のこたえ

Q380 ①
都道府県面積第1位はダントツで北海道。日本の国土の約5分の1をしめているよ。面積2位は岩手県、3位は福島県と、ともに東北地方の県。

Q381 ②
人口では東京都、神奈川県、大阪府の順だけど、人口密度では、神奈川県と大阪府の順位が入れかわるんだ。

Q382 ②
2020年代のうちに、インドの人口が中国の人口をぬくとの予想もあるよ。

Q383 ①

Q397

一歩もあとへはひけないせっぱつまった状況のなかで全力を尽くすことを、「はいすいの陣」というよ。では、「はいすい」は漢字でどう書く？

① 排水　② 背水　③ 廃水

Q398

童話『青い鳥』の作者メーテルリンクは、どこの国の出身？

① カナダ
② ロシア
③ ベルギー

Q399

バドミントンはどこの国でうまれたゲームがイギリスに伝わったことで、世界中に広まったスポーツ？

① インド
② イタリア
③ アルゼンチン

Q400

のちの世に残る優れた業績をあげることを、「金字塔を打ちたてる」というよ。ではこの「金字塔」には、もともとどんな意味がある？

① 城　② 大仏
③ ピラミッド

Q401

かつて江戸城があった場所は、現在は何になっている？

① 皇居
② 国会議事堂
③ 東京ドーム

Q402

石灰水に二酸化炭素が吹き込まれると何色ににごる？

① 白　② 黒　③ 青

Q403

料理をつくるときや盛るときに使う長いはしのことを何という？

① わにばし　② ぞうばし
③ さいばし

Q404

三角形の内角（図形の内側にある角）の合計は何度？

① 90°　② 180°　③ 360°

Q405

次のうち、木管楽器はどれ？

① ホルン
② トランペット
③ トロンボーン
④ クラリネット

51ページ のこたえ

Q384
①
1位のエベレスト、3位のカンチェンジュンガはヒマラヤ山脈にある山。2位のK2はカラコルム山脈にある山。

Q385
①
北岳は山梨県北西部にある山だよ。

Q386
③
信濃川は、新潟県と長野県にまたがって流れている川だよ。

Q387
①
人

Q388
①
王貞治は、日本初の国民栄誉賞受賞者だ。

Q389
①
口日本一の東京都が1位、面積日本一の北海道が2位。

Q406

　? 耕筰は、『赤とんぼ』『この道』『待ちぼうけ』などの童ようを作曲した人物だよ。 ? に入る名字をこたえてね。

① 田中　② 山田　③ 斉藤

Q407

「貝塚」とは、ひとことでいえば古代人の何？

① 戦場
② 集会所
③ ごみ捨て場

Q408

貧血は、血液中の何の量が足りないと起きる現象？

① 赤血球
② 白血球
③ 血小板

Q409

次のうち、「はやい」を「速い」と書くのはどれ？

① 明日の朝は**はやい**。
② 彼は気が**はやい**。
③ 川の流れが**はやい**。
④ あきらめるのはまだ**はやい**。

Q410

8月13日が日曜日のとき、翌月の9月13日は何曜日？

※8月は31日まであります。

① 水曜日　② 金曜日　③ 日曜日

Q411

ねむっているふりをすることを、「 ? 寝入り」というよ。 ? に入る動物名は何？

① ねずみ　② うさぎ　③ たぬき

Q412

古墳の外部にならべられていた、古墳時代の土製品の名称として正しいのはどっち？

① 土偶　② はにわ

Q413

次の式の ? には、どんな記号が入るかな？

$$24 \times 7 \boxed{?} 34 \times 5$$

① ＞　② ＝　③ ＜

Q414

鼻とくちびるのあいだに、縦に通っているくぼみがあるよね。この部分の名称を知っているかな？

① 顔中　② 体中　③ 人中

52ページのこたえ

Q390 ② 樋口一葉。小説家・歌人、1000円札は野口英世（細菌学者）が肖像になっているね。

Q391 ② a：b＝5：2＝10：4。よって正解は②。

Q392 ① 1万円札は福沢諭吉（思想家）、5000円札は

Q393 ③ チョウやハチも完全変態するこん虫だね。

Q394 ② ①は「光」、②は「右」の意味。

Q395 ②

Q396 ② 台形は、ひと組の向かいあった辺が平行な四角形。

まめちしき豆知識　Q408の貧血が起きると、顔色が悪くなったり、めまい、耳鳴り、息切れといった症状が出たりする。

Q415

空全体で約半分が雲でおおわれている天気は、気象用語では次のどれに分類されるかな?
① 快晴　② 晴れ　③ くもり

Q416

ことわざとして正しいのは?
① 小は大をかねる
② 大は小をかねる

Q417

各地の空港から路線が集まり、人や物の目的地への移動を中継する機能をもった空港を何という?
① タブ空港
② ナブ空港
③ ハブ空港

Q418

ヒマワリはどの季節にさく花?
① 春　② 夏　③ 秋　④ 冬

Q419

サケの卵を「イクラ」と呼ぶけど、この言葉はどこの国の言葉からきている?
① ロシア　② モンゴル
③ ベトナム

Q420

次の計算式のこたえは?

$$55500 \times 9 - 55400 \times 9$$

① 900　② 4500　③ 55450

Q421

ウシやヒツジには胃がいくつある?
① 1つもない
② 2つ
③ 3つ
④ 4つ

Q422

人類初の宇宙飛行に成功したガガーリンの有名な言葉は、次のどれ?
① 地球は丸い
② 地球は青い
③ 地球は大きい

Q423

「等星」とは、星の何をあらわす言葉?
① 大きさ
② 明るさ
③ 地球からの距離

53ページのこたえ

Q404 ②
Q400 ③
Q397 ②「水(川)を背にする」の意から。

Q401 ①
Q402 ① 二酸化炭素には、石灰水を白くにごらせる性質がある。

ちなみに四角形の内角の合計は360度、五角形の内角の合計は540度。

Q398 ③ メーテルリンクは、1911年にノーベル文学賞を受賞。

Q405 ④
Q403 ③ 漢字で書くと「菜箸」。
Q399 ①

①～③は金管楽器だね。

Q424

漢字の「必」は、次のア・イ・ウのどの部分から書きはじめる？

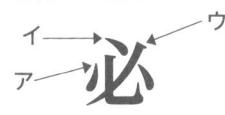

① ア　② イ　③ ウ

Q425

物理学、数学、天文学などの分野で優れた功績を残したアイザック・ニュートン。彼の出身国は？

① イギリス

② アメリカ合衆国

③ フランス

Q426

「弘法にも筆の誤り」の「弘法」ってだれのこと？

① 空海

② 橘 逸勢

③ 嵯峨天皇

Q427

つぶした飯を、円筒状の串にぬりつけて焼いた「きりたんぽ」。この料理は、どこの県の郷土料理？

① 秋田県

② 愛媛県

③ 長崎県

Q428

「カーキ色」とはどんな色？

① 炎のような濃い赤色

② 青みがかったむらさき色

③ 黄色に茶色のまじった色

Q429

数の単位で、「万」の上は「億」、「億」の上は「兆」。では「兆」の上は？

① 京

② 圭

③ 慶

Q430

次のなかで、恒温動物はどれ？

① ハト　② ヘビ　③ ヤモリ

Q431

次の文章のうち、「そなえる」を「供える」と書くのはどれ？

① 台風にそなえる。

② 部屋にソファーをそなえる。

③ お地蔵様に団子をそなえる。

Q432

スペインの首都はどこ？

① バルセロナ　② バレンシア

③ マドリード

54ページのこたえ

Q406 ②
山田耕筰（1886～1965年）は、日本最初の管弦楽団をつくった人でもあるよ。

Q408 ③

Q409 ③
①②④の「はやい」は「早い」と書くね。

Q411 ③

Q412 ②

Q413 ③

Q410 ①
貝塚からは貝がらのほか

Q414 ③

に、動物の骨や土器なども発見されているよ。9月10日が日曜日だとわかるね。よって13日は水曜日。

に考えていくと、

Q407 ③
7日ごと

Q433

「ケセラセラ」とは、どんな意味の言葉かな？

① もうだめだ

② あきらめないぞ

③ なるようになるさ

Q434

食塩 10g を水 ? g にとかし、濃度 10％の食塩水をつくりました。? に当てはまる数字は何かな？

① 90g ② 100g ③ 110g

Q435

次のうち、赤道直下（赤道の線にあたるところ）の国でないのは？

① インド

② ケニア

③ コロンビア

④ インドネシア

Q436

「互角」という言葉は、ある動物の2本の角に大小・長短の差がないことから生まれた言葉だよ。では、そのある動物とは？

① シカ

② ウシ

③ ヒツジ

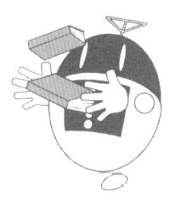

Q437

直径1m近い花を咲かせ、「世界最大の花」といわれることもある植物の名は？

① カルミア　② ラフレシア

③ グロリオーサ

Q438

人間のにんしん期間（赤ちゃんが親の体内にいる期間）は約9カ月。では、ゾウのにんしん期間は？

① 約3カ月

② 約1年

③ 約21カ月

④ 約33カ月

Q439

「左右」「内外」「大小」などと、同じ構成の熟語はどれ？

① 元気　② 強弱　③ 再開

Q440

国際連合の本部はどこにある？

① パリ

② ロンドン

③ ニューヨーク

55ページのこたえ

Q415 ② 雲のしめる割合が空全体の10分の1以下なら「快晴」。10分の9以上なら「くもり」。それ以外は「晴れ」。

Q420 ① （55500－55400）×9＝900

Q417 ③

Q418 ②

Q421 ④

Q419 ① イクラはロシアの言葉で、「魚の卵」を意味するんだ。

Q422 ②

Q423 ②

Q416 ② 意味は、「大きいものは小さいものの役目も担うことができる」。

58～59ページは、「ネコ」をキーワードにした学習クイズだよ。

56ページのこたえ

Q424 ②「必」は中央の点が1画目。

Q425 ①

Q426 ① 空海（774～835年）は平安時代初期の僧で、真言宗を開いた人

Q427 ①

Q428 ③

Q429 ①

Q430 ①

Q431 ③ ①と②の「そなえる」は「備える」。

Q432 ③

「必」は中央の点が1画目。書の達人としても有名だよ。物とは、体温調整能力のある動物のこと。ほ乳類や鳥類がこれに属する。恒温動

Q441
「猫に小判」と同じ意味のことわざはどれ？
① 虎に翼　② 豚に真珠
③ 鳩に豆鉄砲

Q442
「猫舌」って、どんな食べ物が苦手なことをいう？
① 熱い食べ物　② 苦い食べ物
③ からい食べ物

Q443
「猫の ? も借りたい」とは、非常にいそがしいことのたとえだよ。 ? に入る言葉は何かな？
① 手　② 足　③ 尾

Q444
非常に変化しやすいことのたとえとして、正しいのはどれ？
① 猫の目　② 猫の鼻
③ 猫のひげ

Q445
「猫にかつおぶし」は、どんなことのたとえ？
① 眠くなること
② 安心できないこと
③ 力がわいてくること

Q446
「猫の額」とは、どんなことのたとえ？
① 場所がせまいこと
② とてもやわらかいこと
③ なかなかさわられないこと

Q447
「猫の首に鈴をつける」とは、どんなことのたとえ？
① 仲良くなること
② あいさつをすること
③ 非常に困難なこと

豆知識 Q441の「猫に小判」は、「価値のわからない相手に高価なものを与えてもむだである」という意味。

Q448

次の動物のうち、ネコ科のほ乳類でないのは？

① トラ　　② キツネ
③ チーター　④ ライオン

Q449

シャム猫の原産国（その種類が最初にうまれた国）はどこ？

① タイ
② イラク
③ ペルー

Q450

三毛猫（白・黒・茶の３色の毛がまじったネコ）の性別は、基本的におすとめすどっち？

① おす　② めす

Q451

ネコは英語で「キャット」。ではそのつづりで正しいのはどれ？

① cat
② cut
③ caut

Q452

実際に存在する魚の名前は？

① ネコザメ　② ネコフナ
③ ネコマグロ

Q453

国の特別天然記念物となっているイリオモテヤマネコの生息している西表島は、何県の島？

① 新潟県
② 高知県
③ 沖縄県

Q454

植物のネコヤナギの季語は何？

① 春　② 夏　③ 秋　④ 冬

Q455

次の宮沢賢治の小説のなかで、ネコが登場する作品はどれ？

① 『風の又三郎』
② 『よだかの星』
③ 『セロ弾きのゴーシュ』

Q456

小説『吾輩は猫である』の作者はだれ？

① 井原西鶴
② 夏目漱石
③ 近松門左衛門

Q433 ③ 角」と書いたんだ。意味をもつ漢字が合わさってできた言葉。よって正解は②の「強弱」。

Q434 ②

Q437 ② 東南アジアのジャングルで見られる花。

食塩水の濃度（％）＝食塩の重さ÷食塩水の重さ×100

Q440 ③ ニューヨークはアメリカ合衆国最大の都市だ！

Q438 ③

Q439 ②

Q435 ①

Q436 ② もともと「互角」は「牛「左右」「内外」「大小」は、反対の

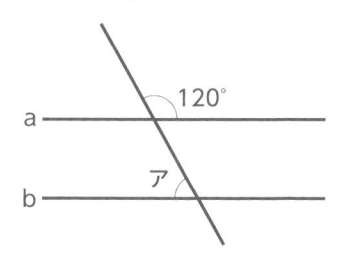

Q457

aとbの線が平行な場合、アの角度は何度になる？

① 40° ② 60° ③ 90° ④ 120°

58ページのこたえ

Q441 ②

Q442 ① ネコが熱い食べ物をきらうことからうまれた言葉。

Q443 ①

Q444 ① ネコの目の形が、明るさによって大きく変化することから。

Q445 ② ネコの前に、好物であるかつおぶしを置く光景を想像してみてね。

Q446 ①

Q447 ③ ネズミたちが、安全のためネコの首に鈴をつけることにしたが、実行するものがだれもいなかったという西洋の物語に由来。

Q458

平安時代中期、摂政や関白といった重要な職を独占し、政治権力をにぎった一族とは？

① 藤原氏 ② 大友氏 ③ 島津氏

Q459

白くぬった木の板、黒くぬった木の板、両方を日の当たる場所においたとき、どちらがよくあたたまるかな？

① 白くぬった木の板
② 黒くぬった木の板
③ 差はない

Q460

ピザはどこでうまれた料理？

① カナダ
② オーストラリア
③ イタリア

Q461

四字熟語を完成させるには、 ? にどんな漢字を入れればいいかな？どちらにも同じ漢字が入るよ。

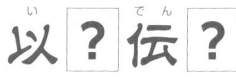

以 ? 伝 ?

① 心 ② 新 ③ 信

Q462

地盤の沈降などによって、複雑に入り組んでいる海岸線のことをなんという？

① アリス式海岸
② リアス式海岸
③ スアリ式海岸

Q463

北の空に1年中みることのできる北極星は、何座にふくまれる星かな？

①こいぬ座 ②こぐま座
③こぎつね座

豆知識 Q458の摂政は、幼い天皇や女帝にかわり政治を主導する職。関白は、成人後の天皇を補佐する職。

Q464

次の分数のなかで、もっとも大きい数はどれ？

① $\frac{8}{13}$ ② $\frac{3}{5}$ ③ $\frac{13}{25}$

Q465

立身出世（高い地位について有名になること）の関門を意味する「登竜門」という言葉。この言葉とかかわりの深い中国の川の名は？

① 長江   ② 黄河   ③ 珠江

Q466

水玉模様の意味がある言葉は？

① ドット   ② ストライプ

③ ボーダー

Q467

日本人初のノーベル賞受賞者湯川秀樹は、どの部門で受賞した？

① 物理学賞   ② 文学賞

③ 平和賞

Q468

「フィート」はアメリカなどで使われている長さの単位だよ。では1フィートは約何㎝かな？

① 約30.48㎝   ② 約50.48㎝

③ 約80.48㎝

Q469

運送する荷物などに書き記す、四字熟語の「天地無用」とはどういう意味？

① 上下を逆にしてはいけない

② 上下は気にしなくてよい

Q470

次の言葉のうち、「けん」の漢字が「険」なのはどれ？

① けん討   ② けん査

③ 点けん   ④ 危けん

Q471

スウェーデンの科学者ノーベルが発明したものといえば？

① クーラー

② レントゲン

③ ダイナマイト

Q472

未年の翌年は何年？

① 寅年   ② 申年   ③ 戌年

Q473

消防車や救急車をよぶための電話番号は？

① 110   ② 118   ③ 119

59ページのこたえ

Q448	②
Q451	① キツネはイヌ科のほ乳類。
Q452	① ネコザメの名称は、顔がネコに似ているということから。
Q454	① ネコヤナギの名称は、見た目がネコの尾に似ていることから。
Q449	①「シャム」はタイの昔の国名。
Q450	② 三毛猫のおすはめったにうまれない。
Q453	②
Q455	③ 西表島は、沖縄県南西部にある八重山諸島の島。
Q456	②

Q474

平行四辺形の面積の公式として、正しいのはどれ？
① 底辺×高さ÷2
② 底辺×高さ
③ 底辺×高さ×2

Q475

「著名」の類義語はどれ？
① 有名
② 題名
③ 署名

Q476

「スクワット」とは、上半身をのばしたままおこなう、どのような運動のこと？
① うでの上下運動
② 腰の回転運動
③ ひざの屈伸運動

Q477

南鳥島は日本のどの位置にある？
① 最北端
② 最南端
③ 最東端
④ 最西端

Q478

回文はどれ？
① 猫が寝込む
② 竹屋が焼けた
③ 布団が吹っ飛んだ

Q479

かけ算の九九のなかに、こたえとして出てこない数字はどれ？
① 29　② 35　③ 49

Q480

夏になるとよく耳にする「ミーン、ミーン」というセミの声。では、セミはこの大きな音をどこから出しているのかな？
① はね
② 腹部
③ 頭部

Q481

日本で台風の被害が多くなるのは何月？
① 1月　② 5月　③ 9月

Q482

大津市は何県の県庁所在地？
① 滋賀県
② 兵庫県
③ 香川県

60ページのこたえ

Q457 ②

Q458 ① 最盛期は11世紀前半、藤原道長・頼通親子のころ。

Q459 ② 黒いものは光を吸収しやすいので、あたた まりやすい。

Q460 ③

Q461 ① 「以心伝心」は、「言葉や文字を使わずとも、おたがいの考えていることがわかる」という意味。

Q462 ② 日本では、三陸海岸、志摩半島、若狭湾などがリアス式海岸として有名だよ。

Q463 ② 別名、ポラリス。

豆知識 Q477の南鳥島は、西太平洋の小笠原諸島（東京都にふくまれる）に属する島だよ。

Q483

植物で、芽が出たときに最初に出る葉のことを「しよう」というよ。ではこの「しよう」は漢字でどう書く？

① 子葉　② 始葉　③ 視葉

Q484

下線部分が形容動詞なのはどれ？

① 静かな山　② 高い山
③ 美しい山

Q485

次の国のうち、南アメリカ大陸にあるのは？

① マリ
② ボリビア
③ モロッコ
④ スーダン

Q486

直径 10 ㎝の円と、半径 10 ㎝の半円とでは、どちらの面積が大きい？

① 直径 10 ㎝の円
② 半径 10 ㎝の半円
③ どちらの面積も同じ

Q487

は虫類の基本的な性質として、まちがっているのは？

① 卵でうまれる
② うろこでおおわれている
③ えらで呼吸する
④ 体温調節機能がない

Q488

楽器のたいこやどらを打ち鳴らす棒のことを何という？

① バツ　② バチ　③ バテ

Q489

図のてんびんは、水平につりあっています。このてんびんを左にかたむけるには、Ａの位置をどの方向に動かせばよい？

① ア　② イ

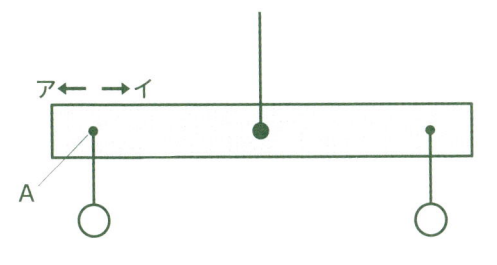

61ページのこたえ

Q464 ①

Q465 ②

Q466 ①

Q467 ①

Q468 ①

Q469 ①

Q470 ④

Q471 ③

Q472 ②

Q473 ③

ストライプとボーダーは、しま模様を意味する言葉。

①②③の「けん」は「検」

「竜門（黄河上流の急流）」をさかのぼることのできたコイは、竜になるという中国の伝説から。

1949年（昭和24年）に受賞。

「110」は警察、「118」は海上保安庁への電話番号。

62ページ のこたえ

Q474 ②

Q475 ①

Q476 ③

Q477 ③

南鳥島は日本の最東端。なお日本の最北端は択捉島、最西端は与那国島、最

Q478 ②

「たけやがやけた」のように、上から読んでも下から読んでも同じ文になる文を「回文」という。①と②は、だじゃれだね。

Q479 ①

Q480 ②

セミは腹部の筋肉を利用して、大きな音を出している。

Q481 ③

南端は沖ノ鳥島。

Q482 ①

Q490

室町時代に、観阿弥・世阿弥の親子が大成させた劇のことを何という？

① 能　② 浄瑠璃　③ 白拍子

Q491

下線部分が、音のひびきをあらわしているのはどれ？

① ドアを<u>がらがら</u>と開ける。

② 部屋に<u>こっそり</u>入る。

③ <u>わくわく</u>しながら箱を開ける。

Q492

自動車が日本と同じように、道路の左側を走っている国は？

① フランス　② イギリス

③ アメリカ合衆国

Q493

1日のうちで、気温がもっとも高くなるのは何時ごろ？

① 午前11時ごろ

② 正午（昼の12時）ごろ

③ 午後2時ごろ

Q494

わり算のこたえをあらわす漢字はどれ？

① 商　② 省　③ 生　④ 章

Q495

「SF」とは、どんなジャンルの小説？

① 推理小説

② 歴史小説

③ 空想科学小説

Q496

25mを30秒のスピードで歩いたとき、1400m先の目的地にたどりつくのは何分後？

① 24分後

② 26分後

③ 28分後

Q497

奈良県の大和郡山市や愛知県の弥富市は、何の養殖業で有名？

① コイ

② キンギョ

③ ウナギ

Q498

次の漢字のうち、部首がほかとちがうのはどれ？

① 家　② 空

③ 室　④ 寒

豆知識 Q495の「SF」は、「science fiction（サイエンスフィクション）」の略。

Q499

「湿度」とは、空気中にふくまれている ？ の割合を示す言葉だよ。 ？ に入る言葉は何？
① 二酸化炭素　② 水蒸気
③ 花粉

Q500

日本の国土の約3分の2は何でしめられている？
① 住宅地　② 農地　③ 森林

Q501

次のうち、比ゆ的な表現がもちいられている文はどれ？
① あの老人はこの島の最長老だ。
② 絵のような風景が、眼前に広がっている。
③ もちを食べすぎて、とてもおなかが痛い。

Q502

気象庁が管理している地域気象観測システムのことを何という？
① ハレダス
② アメダス
③ ユキダス

Q503

工作物の表面を平らにけずったり、角を落としたりするのに使う工具といえば？
① やすり
② スパナ
③ きり

Q504

「中京」とは、どこの都市の別名かな？
① 北海道札幌市
② 愛知県名古屋市
③ 福岡県福岡市

Q505

『竹取物語』に登場するのは？
① 金太郎
② 赤ずきん
③ かぐや姫

Q506

月は地球から、光の速さで約1.3秒かかる距離にあります。では太陽は、地球から光の速さで何秒かかる距離にある？
① 約5秒
② 約50秒
③ 約500秒

63ページのこたえ

Q483 ① 子葉は、ふつうの葉と形がことなるものが多いよ。

Q485 ② ボリビアのみ、南アメリカ大陸にある国。ほかの国はすべてアフリカ大陸にある国だね。

Q484 ① 形容動詞は、「静かだ」「きれいだ」のように、言い切りの形が「だ」で終わる。

Q487 ③

Q488 ②

Q489 ①

Q486 ②

直径10cmの円の面積は78・5cm²、半径10cmの半円の面積は157cm²。

ヒントを参考にして、
？に当てはまる
漢数字をこたえてね。

**64ページ
のこたえ**

Q490 いんだ。50(m)＝28(分)

Q493 ①

Q497 ③

Q491 ①

Q494 ③

Q498 ②

Q492 ① 世界的にみると、日本やイギリスとちがい、道路の右側を自動車が走っている国のほうが多

Q495 ①

Q496 ③進む距離は30秒で25mなので、1分では50m。よって、1400(m)

「空」の部首は「宀（あなかんむり）」、「家」「室」「寒」の部首は「宀（うかんむり）」。

Q507

春 ? 番

(ヒント) 吹くと気温があがります。

Q508

? 葉箱

(ヒント) 気象観測用の、小屋形の白い木箱。

Q509

北斗 ? 星

(ヒント) ひしゃく形にならんでいるね。

Q510

? 国

(ヒント) 徳島・香川・愛媛・高知。

Q511

斎藤道 ?

(ヒント) 織田信長の妻の父。

Q512

? 葉集

(ヒント) 奈良時代の歌集。

Q513

北里柴 ? 郎

(ヒント) 明治から昭和にかけて活躍した細菌学者。

Q514

? 谷焼

(ヒント) 石川県の伝統工芸品となっている磁器。

(豆知識) Q511の織田信長（1534〜1582年）は室町幕府をほろぼした戦国大名。数々の画期的な政策を断行。

Q515

二人 ? 脚

ヒント ふたりで協力。

Q516

? 方美人

ヒント みんなに好かれようとすること。

Q517

? 戦錬磨

ヒント どんとこい！

Q518

? 日坊主

ヒント もう、や〜めた。

Q519

? 里霧中

ヒント 物事のようすがわからず、迷うこと。

Q520

? 日千秋

ヒント 待ちきれないよ〜。

Q521

四苦 ? 苦

ヒント 非常に苦しんでます……。

Q522

? 面楚歌

ヒント 味方のいない状態。

Q523

心機 ? 転

ヒント さぁ、気持ちを切りかえよう！

Q524

? 客万来

ヒント お客さんでおおにぎわい。

65ページのこたえ

Q499 ②

Q500 ③

Q501 ② 「比ゆ」とは、物事を説明する際、ほかの物事にたとえて表現すること。②の文では、「絵のような風景」と、きれいな風景を絵にたとえているね。

Q502 ②

Q503 ①

Q504 ② 名古屋市を中心とした愛知・岐阜・三重にまたがる工業地帯を、中京工業地帯というよ。

Q505 ③

Q506 ③ 地球と太陽の距離は、地球と月の距離の約400倍。

Q525

ゴールは①〜④のどれ？

Q507 春一番 その年、はじめて吹く強い南風。立春（2月4日ごろ）過ぎに吹く。

Q509 北斗七星 北の夜空に見える、おおくま座の7つの星。

Q512 万葉集 現存する日本最古の歌集だよ。

Q510 四国

Q508 百葉箱 温度計や湿度計が入っている

Q511 斎藤道三 戦国時代の武将。美濃（現在の岐阜県南部）をおさめていた。

Q513 北里柴三郎

Q514 九谷焼

Q526

空気をあたためると、体積はどうなる？

① 増える　② 減る
③ かわらない

Q527

次の国のうち、「北欧」でないのは？

①デンマーク　②スウェーデン
③ノルウェー　④フィンランド
⑤アイスランド　⑥ギリシャ

Q528

『源氏物語』の書かれた時代と作者の組み合わせとして、正しいのはどれ？

① 平安時代・紫式部
② 平安時代・吉田兼好
③ 室町時代・紫式部
④ 室町時代・吉田兼好

Q529

個人の収入にかけられる税金はどれ？

① 法人税　② 所得税　③ 相続税

Q530

「　？　」にかすがい。　？　にどんな言葉を入れるとことわざが完成するかな？

① うどん
② 白玉
③ とうふ

Q531

エジプトを流れる世界最長と考えられている大河の名前は？

① ウエル川　② シタル川
③ アルル川　④ ナイル川

豆知識 Q531のエジプトは、アフリカ北東部の国。国土の大部分が砂ばくでしめられている。首都はカイロ。

Q532

オゾン層は、地上から高さ何kmあたりにある？
- ① 100 ～ 500 m
- ② 1 ～ 5 km
- ③ 10 ～ 50 km

Q533

次の文章のなかで、「かける」を「欠ける」と書かないのはどれ？
- ① 茶碗がかける
- ② 常識にかける
- ③ 眼鏡をかける
- ④ 月がかける

Q534

昔の日本では、どんな植物が水筒のかわりとして使われていた？
- ① ヒマワリ
- ② タケ
- ③ ボタン

Q535

鎌倉幕府をほろぼした後醍醐天皇による新しい政治を「 ? の新政」というよ。 ? に入る元号は何かな？
- ① 大化
- ② 慶安
- ③ 建武

Q536

こうた君は国語・算数・理科・社会のテストを受け、結果は国語90点、算数85点、社会74点で、4教科の平均は80点でした。さて、こうた君の理科の点数は？
- ① 71点　② 75点
- ③ 79点　④ 83点

Q537

液体の体積測定に使用する、目盛りのついた円筒形のガラス容器のことを何という？
- ① メスシリンダー
- ② オスシリンダー
- ③ ヒクシリンダー

Q538

うるう年は、基本的に何年に一度おとずれる？
- ① 4年　② 6年　③ 7年

Q539

次のカードの文字を正しくならべ、「世界的規模のコンピューターネットワーク」を意味する言葉を完成させよう。

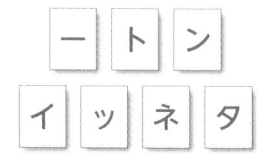

Q515 二人三脚

Q516 八方美人

Q517 百戦錬磨　多くの戦いや経験を積んでいること。

Q518 三日坊主　物事

Q519 五里霧中

Q520 一日千秋　待ちこがれる気持ちの強いこと。

Q521 四苦八苦

Q522 四面楚歌

Q523 心機一転　何かがきっかけで、気持ちが良い方向へかわること。

Q524 千客万来

Q515 が長続きしないこと。

68ページ
のこたえ

Q525 ④
「ヨーロッパ北部にある国々」のことを、「北欧」というよ。ギリシャは「南欧（南ヨーロッパの国々）」だね。

Q526 ①
『源氏物語』は平安時代中期の物語。作者は紫式部。

Q527 ⑥

Q528 ①
所得という言葉に、「収入」の意味がふくまれているよ。

Q529 ②

Q530 ③
手ごたえがなく、ききめがないことのたとえ。

Q531 ④
全長6695km。

Q540

軽快でテンポの速いブラジルのダンス曲といえば？
① イチバ
② ニバ
③ サンバ
④ ヨンバ

Q541

「たそがれ」とは、どのような時間帯のことをいった言葉？
① 早朝　② 夕方　③ 深夜

Q542

クリスマスイブは12月何日？
① 23日　② 24日
③ 25日　④ 26日

Q543

真夏日とは、最高気温が何℃以上の日のことをいう？
① 25℃　② 30℃　③ 35℃

Q544

絶滅のおそれがある動植物の輸出入などを規制した国際条約の名称は？
① ワシントン条約
② ロンドン条約
③ 京都条約

Q545

ふたりでじゃんけんをして、あいこになる確率は？
① $\frac{1}{2}$　② $\frac{1}{3}$　③ $\frac{2}{3}$

Q546

次の調味料のうち、大豆が主原料でないのは？
① 塩
② しょう油
③ みそ

Q547

北極と南極、寒いのはどっち？
① 北極　② 南極

Q548

13世紀初頭にチンギス・ハンが築いた大帝国の名は？
① モンゴル帝国
② ローマ帝国
③ オスマン帝国

Q549

あなたの父親の母親は、あなたの何にあたる？
① 父方の祖父
② 父方の祖母
③ 母方の祖父
④ 母方の祖母

まめ知識
豆知識　Q548のチンギス・ハン（1167〜1227年）は1206年にモンゴルを統一。その後も領土を拡大した。

Q550

次の海外の有名小説のなかで、19世紀に書かれた作品はどれ？

① 赤毛のアン
② 星の王子様
③ フランダースの犬
④ ハリー・ポッターと賢者の石

Q551

次のヨーロッパの国のなかで、内陸国は？

① ハンガリー
② ルーマニア
③ ベルギー
④ ポーランド

Q552

「泣き面に蜂」とはどんなことのたとえ？

① 声がひときわ大きいこと
② なみだの量がすごいこと
③ 不幸や不運が重なること

Q553

0.0088を百分率であらわすと？

① 0.088%
② 0.88%
③ 8.8%

Q554

関東地方南部（東京湾西部）に広がる工業地帯の名称は？

① 京浜工業地帯
② 中京工業地帯
③ 阪神工業地帯

Q555

1つの花に「花の4要素」がそろっている花を、完全花というよ。では、「花の4要素」の組み合わせとして正しいのはどれかな？

① 花びら・くき・種子・おしべ
② 花びら・くき・おしべ・めしべ
③ がく・花びら・おしべ・めしべ
④ がく・花びら・くき・種子

Q556

4種類のケーキから2つをえらぶとき、選び方は全部で何通りあるかな？

① 5通り
② 6通り
③ 7通り
④ 8通り

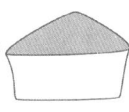

69ページのこたえ

Q532 ③ がつのり、「建武の新政」は2年ほどで終わった。

Q533 ③

Q534 ④ タケのほかに、ヒョウタンなども水筒として使われていたね。

Q535 ③ 武士たちの不満

Q536 ① 4教科の平均が80点なので、合計は320点。320点－90点＝85

Q537 ①

Q538 ① うるう年は、2月を29日とし、1年を366日とする年。

Q539 インターネット

点－74点－点＝71点。

Q557

『解体新書』とはどんな本？
① 歴史書　② 医学書　③ 農書

Q558

「あたたかい」を漢字で書いたとき、送りがなが正しいのはどれ？
① 暖い　　② 暖かい
③ 暖たかい

Q559

安土桃山時代の別名として正しいのはどれ？
① 織徳時代
② 豊徳時代
③ 織豊時代

Q560

おたまじゃくしの成長において、前あしと後ろあしは、どちらが先に出てくる？
① 前あしが先
② 後ろあしが先

Q561

日本の大部分は、次のどの気候に属する？
① 温帯　② 熱帯　③ 冷帯

Q562

「ジンジャー」とはどんな香辛料？
① ショウガ
② コショウ
③ ワサビ

Q563

ある四角形の角度を3箇所測ったところ、75°、100°、45°でした。残り1つの角度は何度？
① 90°　② 110°　③ 140°

Q564

次の文章の　？　には、どんな接続詞が入るかな？

わたしはスーパーへ行きました。
　？　、そこでバナナを買いました。

① けれども　② だから
③ そして

Q565

災害が発生した場合、その地域にどんな被害がおよぶかを予測した災害予測地図のことを何という？
① バザールマップ
② ハザードマップ
③ ウエザーマップ

70ページ
のこたえ

Q540 ③

Q541 ②

Q542 ②　クリスマスイブは12月24日、クリスマスは12月25日。イブには「祭りの前夜」の意味がある。

Q543 ②　1日の最高気温が25℃以上で夏日、30℃以上で真夏日、35℃以上で猛暑日。

Q544 ①　ワシントン（アメリカ合衆国の首都）での会議で決められたことから。

Q545 ②

Q546 ①　塩の主成分は塩化ナトリウム。

Q547 ②

Q548 ①

Q549 ②

豆知識　Q559の安土桃山時代（1568～1598年ごろ）は、織田信長と豊臣秀吉が政権をにぎっていた時代。

Q566

タンポポは、何を利用して種子を地上へ落とすのかな？
① 風　② 水　③ 動物

Q567

日本神話などによく登場する出雲とは、現在のどこにあたる？
① 青森県東部　② 埼玉県東部
③ 島根県東部

Q568

食品に表示されている、その食品を安全に食べることのできる期限のことを何という？
① 消費期限　② 賞味期限

Q569

次の国際連合の専門機関のうち、「IMF」といったらどれ？
① 世界気象機関
② 万国郵便連合
③ 国際通貨基金

Q570

チョウのはねは何枚？
① 4枚　② 6枚　③ 8枚

Q571

カヌーってどんな乗り物？
① 小舟　② 馬車　③ 飛行船

Q572

公共放送をおこなう「NHK」って、何の略？
① 日本放送協会
② 日本放送機構
③ 日本放送機関

Q573

図のように鏡に光を当てた場合、光はどのようにはね返る？①～③からえらんでね。

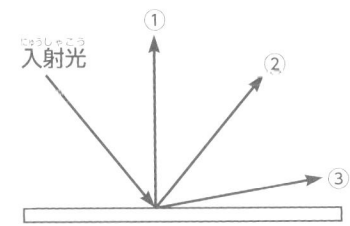

入射光

① ② ③

Q574

次の計算式のこたえは？

2時間38分12秒−1時間49分53秒

① 48分19秒　② 52分31秒　③ 52分19秒

NOTE

71ページのこたえ

Q555 ③
Q553 ②
Q550 ③

Q554 1つの花で「花の4要素」をすべてもっている花を「完全花」、そうでない花を「不完全花」というよ。

フランダースの犬は1872年の出版。ほかの小説はすべて、20世紀に書かれた作品。

東京の「京」と横浜の「浜」で「京浜」。京浜工業地帯は、機械・化学などの重化学工業が中心となっているよ。

Q551 ①
Q552 ③
Q556 ②

Q675

「喜怒哀 ? 」は、人間のさまざまな感情をあらわす四字熟語。 ? にはどんな漢字が入るかな？

① 悲　② 楽　③ 悪　④ 愛

Q576

次のうち、インドの女性の民族衣装となっているのはどれ？

① サリー
② アオザイ
③ チョゴリ

Q577

江戸時代、海外との交流を制限していた幕府が、中国・朝鮮とともに交流をもっていたヨーロッパの国はどこ？

① オランダ　② スペイン
③ ドイツ

Q578

次の文章のうち、擬人法がもちいられているのはどれ？

① 雨がざあざあ降る。
② 空が泣いている。
③ うわっ、どしゃぶりだ！

Q579

現在、一般に使用されている星座は全天（空全体）でいくつある？

① 77　② 88　③ 99

Q580

数の「0」の考え方は、どこの国で最初に成立したのかな？

① インド　② エジプト
③ アメリカ合衆国

Q581

漫才や落語などの演芸で、最後に出演する人のことを何という？

① むし　② ねこ　③ とり

Q582

「命の水」という意味のアイルランドの言葉が語源となっている飲み物とは？

① コーヒー　② ココア
③ ウイスキー

Q583

次の漢字は、どんな魚を漢字であらわしたもの？

鰯

① アジ　② イワシ　③ マグロ

72ページのこたえ

Q562 ①

Q559 ③

Q557 ②

Q563 ③
『解体新書』は、日本最初の西洋医学の翻訳書。前野良沢、杉田玄白らが翻訳したよ。1774年（安永3）刊。

Q560 ②
織豊時代の名称は、織田信長の「織」と、豊臣秀吉の「豊」から。

Q564 ③
四角形の内角の和は360度。よって、360−75−100−45＝140。

Q565 ②

Q561 ①

Q558 ①
後ろあし→前あし、の順だね。

まめちしき豆知識　Q579の星座とは、夜空にかがやく星を、神話の人物、動物、器具などに見立てて結びつけたもの。

Q584

天気と天気記号の組み合わせとして、まちがっているのはどれ？

① 快晴　② 晴れ

③ くもり　④ 雨

Q585

日系人の住む人が多いサンパウロとは、どこの国の都市？

① ブラジル
② メキシコ
③ アルゼンチン

Q586

学名（世界共通につけられた学問上の名称）が「ニッポニア・ニッポン」という、日本の特別天然記念物に指定されている鳥は何？

① トキ
② オジロワシ
③ ヤンバルクイナ

Q587

「せんもんか」の漢字として正しいのはどっち？

① 専問家　② 専門家

Q588

次の数のうち、3で割り切れない数は？

① 123　② 321
③ 456　④ 500
⑤ 789　⑥ 900

Q589

ふだん私たちが使っている、0、1、2、3……のような算用数字の別名はどっち？

① ローマ数字　② アラビア数字

Q590

「のぞみ」「ひかり」「こだま」といったら、どんな乗り物の愛称？

① タクシー
② 新幹線
③ スペースシャトル

Q591

「小春」とは、どの季節のはじめに使われる言葉？

① 春　② 夏　③ 秋　④ 冬

73ページのこたえ

Q566 ① 白い毛をつけた種子が、風の力で飛び散るんだ。れる期限を示したもの。い粉でおおわれているよ。

Q569 ① 世界の通貨の安定などを目的とした機関。

Q571 ①

Q572 ①

Q573 ② 入射光の角度と反射光の角度は同じになる。

Q567 ③

Q568 ① チョウのはねは4枚。

Q570 ① ②の賞味期限は、その食品がおいしく食べられ白い粉でおおわれている。りん粉と呼ばれる白

Q574 ①

**74ページ
のこたえ**

Q579 ②	**Q575** ② は、長崎の出島で貿易をおこなっていたよ。
Q580 ①	**Q576** ① アオザイはベトナムの女性の民族衣装。チョゴリは韓国・朝鮮の民族衣装。
Q581 ③ 漢字では「取り」と書く。	**Q578** ② 「擬人法」とは、人間以外のものを、人間になぞらえて表現する方法。
Q582 ③	
Q583 ② アジは「鯵」、マグロは「鮪」とあらわすよ。	**Q577** ① オランダや中国と

Q592

日本において、女性に選挙権が与えられたのはいつ？

① 1890年（明治23）

② 1925年（大正14）

③ 1945年（昭和20）

Q593

コンビニエンスストアの「ストア」は商店という意味。では、「コンビニエンス」とはどんな意味？

① 小さい　② 安い　③ 便利

Q594

「月の重力は、地球の重力の ? です」。 ? に当てはまる言葉はどれかな？

① 約4分の1　② 約6分の1

③ 約4倍　　④ 約6倍

Q595

体の左右にある、体内の血液のよごれをきれいにする器官は何？

① かん臓

② すい臓

③ じん臓

Q596

この模様を何模様という？

① 稲妻模様
② 唐草模様
③ 市松模様

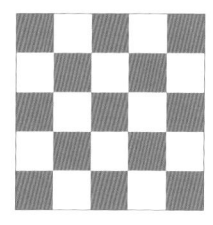

Q597

? に入る数字は何？

$$4327 - ?44 = 3583$$

①7　②8　③9

Q598

地球は今から何年前に誕生したと考えられている？

① 約4億6000万年前

② 約46億年前

③ 約460億年前

Q599

乗り降りしやすくするために、乗降口の床を低くして段差をなくしたバスのことを何という？

① ノンステップバス

② ワンステップバス

③ ツーステップバス

豆知識 Q593のコンビニエンスストアは、日用品や食品などをあつかっている小型スーパー。無休の店も多い。

Q600

夏の蒸し暑さをあらわす「不快指数」は、何と何から求められる？

① 気温と湿度
② 気温と日光の強さ
③ 湿度と日光の強さ

Q601

エレベーターとエスカレーター、階段状なのはどっち？

① エレベーター
② エスカレーター

Q602

200円のペン、ペンの半分の価格のノート、ペンの3.5倍の価格の小説を買いました。合計でいくらになったかな？

① 550円
② 850円
③ 1000円

Q603

次の2つの文章の ? には、共通の漢字が入るよ。①〜③からえらんでね。

祈りが ? く。
手紙が ? く。

① 着　② 開　③ 届

Q604

「目を細める」とは、どのようなようすをあらわした言葉？

① うれしい　② 悲しい
③ 苦しい

Q605

トンボの幼虫のことを何という？

① やご
② ゆご
③ よご

Q606

演技のへたな役者のことを「 ? 役者」というよ。 ? に入る野菜名は？

① にんじん　② だいこん
③ きゅうり

Q607

1ℓは何㎗？

① 10㎗　② 100㎗　③ 1000㎗

Q608

徳川家光は、何代目の江戸幕府将軍？

① 3代目　② 5代目　③ 8代目

75ページのこたえ

Q584 ③
系人」という。

Q586 ①
③は雪の天気記号。くもりの天気記号は◎。

日本の野生のトキは絶滅。

アラビアを通じてヨーロッパに広まった。

Q590 ②

Q591 ④

Q587 ②

Q585 ①

Q588 ④

外国に移住し、その国の国籍を取得した日本人やその子孫を「日

別名、インド数字。インドで考案され、

Q589 ②

冬のはじめの、おだやかで春のようなあたたかさをいった言葉。

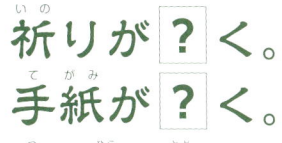

78〜79ページの問題は、下の円グラフを見ながらこたえてね。
円グラフは、米、小麦、大豆、ぶどうの主な生産国と、その国の生産量が、世界全体の生産量にしめている割合を示したものだよ。

76ページのこたえ

Q592 ③

Q596 ③ 第2次世界大戦前は、女性に選挙権がなかったんだ。

Q597 ①

Q598 ②

Q599 ① 「バリアフリー」（52ページの豆知識参照）の一例といえるね。

Q593 ③ 色のちがう2種類の正方形（もしくは長方形）を交互にならべた模様。

Q594 ② 江戸時代の歌舞伎俳優・佐野川市松が、この模様の袴をはいたことによる。

Q595 ③ ソラマメ形で、長さは約10cm。

Q609

円グラフの **A** に入る国は次のうちどれ？
① インド　② カナダ
③ イギリス

Q610

円グラフの **B** に入る国は次のうちどれ？
① エジプト
② オーストラリア
③ アメリカ合衆国

Q611

円グラフの **C** に入る国は次のうちどれ？
① 韓国　② フランス
③ メキシコ

Q612

米の生産は、主にどの地域でおこなわれているといえるかな？
① アジア
② ヨーロッパ
③ アフリカ

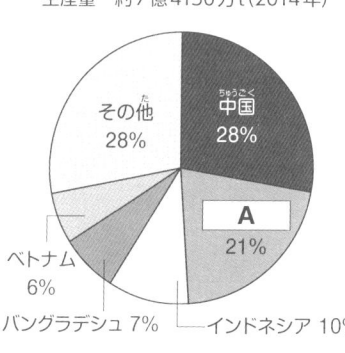

米
生産量…約7億4150万t（2014年）

中国 28%
A 21%
インドネシア 10%
バングラデシュ 7%
ベトナム 6%
その他 28%

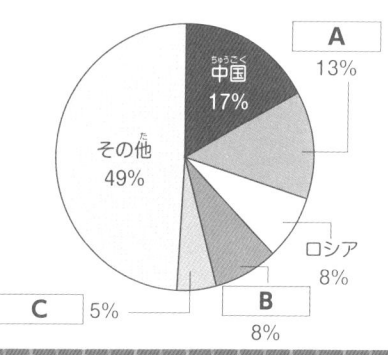

小麦
生産量…約7億2900万t（2014年）

中国 17%
A 13%
ロシア 8%
B 8%
C 5%
その他 49%

豆知識　米の生産量の世界一は中国（中華人民共和国）。でも、輸出量はインドやタイが多いよ。

Q613

南アメリカでは、どんな農作物の生産が多いといえるかな？

① 米　　② 小麦

③ 大豆　　④ ぶどう

Q614

ヨーロッパでは、どんな農作物の生産が多いといえるかな？

① 米

② 大豆

③ ぶどう

Q615

2014年の日本の米の生産量は、約1060万tでした。この年の世界全体にしめる生産量の割合として、正しいのはどれ？

① 1.4%　　② 4.4%　　③ 15.8%

Q616

2014年の日本の　？　の生産量は約85万トンで、世界全体にしめる生産量の割合は約0.1%でした。　？　に当てはまる農作物はどれ？

① 小麦　　② 大豆　　③ ぶどう

Q617

パンの原料としてよく使われているのはどれ？

① 米　　② 小麦　　③ 大豆

Q618

イタリア、スペイン、円グラフの　C　の国などでさかんに生産されている、ぶどうを原料にした飲み物は何？

① ビール　　② ウイスキー

③ ワイン

大豆

生産量…約3億650万t（2014年）

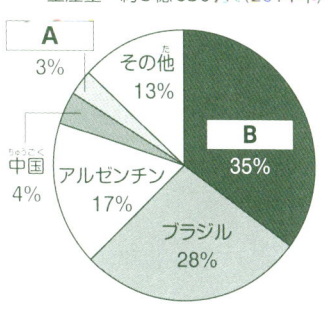

- A 3%
- その他 13%
- B 35%
- 中国 4%
- アルゼンチン 17%
- ブラジル 28%

ぶどう

生産量…約7450万t（2014年）

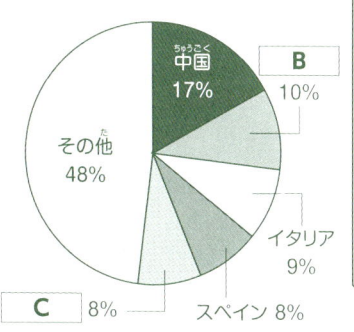

- 中国 17%
- B 10%
- その他 48%
- イタリア 9%
- スペイン 8%
- C 8%

77ページのこたえ

Q600 ① 1000円

Q601 ② ノートの価格は100円、小説の価格は700円。よって、200円＋100円＋700円＝1000円

Q602 ③ 顔中にほほえみをうかべること。

Q603 ②

Q604 ①

Q605 ① 種類によってちがうが、だいたい1～3年かけて成虫になる。

Q606 ②

Q607 ①

Q608 ① 祖父は初代将軍・家康、父は2代将軍・秀忠、長男は4代将軍・家綱。

Q619

月などの星の表面に見られる、円形のくぼ地のことを何という？

① ウエーター　② クレーター

③ アリゲーター

Q620

植物のなかの水分が、水蒸気となって排出される現象を何という？

① 蒸留

② 蒸気

③ 蒸散

Q621

縦の長さが9cm、面積が45cm²の長方形があります。この長方形の横の長さは？

① 5cm　② 6cm　③ 9cm

Q622

「あんどん」って、どんな道具？

① 食器　② 照明器具

③ せんたく用具

Q623

「ろっ骨」とは、どの部分の骨？

① 頭　② 胸　③ 尻

Q624

「おやつ」という言葉の由来は、次のどれと関係が深い？

① 昔の時刻

② おどろいたときの声

③ アメリカのお菓子

Q625

ことわざの「海老で　? 　を釣る」。
? 　にはどんな魚が入るかな？

① 鯉

② 鮭

③ 鯛

Q626

次の数は、あるきまりによってならんでいます。　? 　に入る数字は何かな？

64　53　?　31　20　9

① 41　② 42　③ 47　④ 48

78ページのこたえ

Q609 ① 人口の多い中国やインドは、農産物の生産量も多くなっているんだね。豆や小麦も重要な輸出品となっているね。

Q612 ① アジアの国々で、世界の米の約90％を生産しているよ。

Q611 ② フランスは農業も工業もさかんなヨーロッパの国。芸術やグルメの国としても知られているよ。

Q610 ③ アメリカは世界有数の食料輸出国。大

Q627

カスタネットは、どこの国で発達した民族楽器？
① スペイン　② ポルトガル
③ カナダ

Q628

古代ギリシャの数学者・物理学者で、その後の学問の発展に多大なる功績を残した人物の名は？
① ハシリメデス
② アルキメデス
③ トマルメデス

Q629

芸道（芸術や芸能の道）などの秘伝や秘事を記した書物のことを、「 ? の巻」というよ。 ? に当てはまる動物の漢字をこたえてね。
① 虎　② 馬　③ 蛇

Q630

? の6倍は1.2です。さて、 ? に入る数字は？
① 0.2
② 0.6
③ 7.2

Q631

これは何を示す地図記号？
① 神社
② 病院
③ 工場

Q632

「ブラウン」って、どんな色？
① 茶色　② 灰色　③ 緑色

Q633

中あしと後ろあしが長い、水面の上をスイスイ泳ぐ昆虫の名は？
① アメンボ
② ゲンゴロウ
③ タニシ

Q634

「料理人」を意味する言葉が語源となっている調理器具はどれ？
① なべ　② 包丁　③ しゃもじ

Q635

数字の4をあらわしているローマ数字はどれ？
① Ⅳ
② Ⅵ
③ Ⅸ

79ページのこたえ

Q613 ③ 南アメリカの国々で、世界の大豆の約50％を生産。

Q615 ① 日本国内の米の生産量は、新潟県・北海道・秋田県がベスト3となっているよ。

Q617 ②

Q618 ③ ワインの原料はぶどう。ワインのことを「ぶどう酒」ともいうよ。

Q614 ③ ヨーロッパの国々で、世界のぶどうの約40％を生産。

Q616 ① 日本における小麦の生産は、そのほとんどが北海道で生産されたものだ。

Q636

次のうち、平面だけで囲まれている図形はどれ？

① 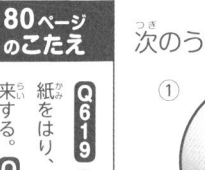　② 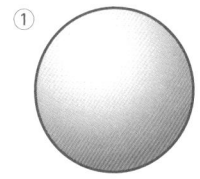　③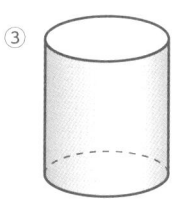

Q637

「絵画」「巨大」「岩石」などと、同じ構成の熟語はどれ？
① 高低　② 明暗　③ 単独

Q638

夏の夜空にかがやく、こと座のベガ、わし座のアルタイル、　?　のデネブを結んでできる三角形を、「夏の大三角」と呼ぶよ。　?　に入る星座の名前は何？
① うみへび座
② はくちょう座
③ アンドロメダ座

Q639

2017年の世界人口は約75億人。では、1950年ごろの世界の人口はどれくらいだったのかな？
① 約25億人　② 約45億人
③ 約65億人

Q640

5月5日の「こどもの日」は、子どもの幸福を願うとともに、だれに感謝する日とされている？
① 父　② 母　③ 先生

Q641

「調える」と読みが同じなのは？
① 数える　② 具える　③ 整える

Q642

音の伝わる速さは、空気中と水中ではどちらが速い？
① 空気中
② 水中
③ 同じ

Q643

「アンペア」とは、何の強さをあらわす単位？
① 重力　② 光　③ 電流

80ページのこたえ

Q619 ② いん石の衝突や、火山活動によってできたと考えられているよ。

Q620 ③

Q621 ①

Q622 ② 木や竹のわくに紙をはり、なかに油皿を置いて火をともす。

Q623 ②

Q624 ① 八つ時（昔の時刻の呼び方で、午後2時ごろ）の間食の習慣に由来する。

Q625 ③ わずかな労力や元手で、大きな利益を得ることのたとえ。

Q626 ② 11ずつ、減っていっているね。

豆知識 Q639の世界人口は、2050年ごろには98億人に達すると予測されているよ。

Q644

「コンバイン」とは、どんな産業で使用されている機械かな？
① 農業
② 漁業
③ サービス業

Q645

「ジュピター」は、次のどの星を意味する言葉？
① 水星　② 木星　③ 土星

Q646

円に線を引き、面積の同じおうぎ形を6つくりました。このとき、おうぎ形の中心角は何度になる？
① 30°　② 45°　③ 60°

Q647

「大義 ? 」の ? にどんな熟語を入れると、四字熟語が完成するかな？
① 名分
② 名文
③ 名聞

Q648

フランスの学者・ファーブルは、何の研究者として知られる？
① 魚　② 昆虫　③ 化石

Q649

雨水は、「上水」と「下水」のどちらに区分される？
① 上水　② 下水

Q650

落語などで話される、本題に入る前の短い話のことを何という？
① まくら
② ふとん
③ もうふ

Q651

数を数えるとき、よく「正」の字を使うよね。では、「正 正 丁」があらわす数字として正しいのは？
① 7　② 12　③ 22

Q652

次の俳句は、与謝蕪村の有名な俳句です。 ? にはどんな言葉が入るかな？

菜の花や 月は ? に 日は西に

① 北　② 南　③ 東　④ 西

81ページのこたえ

Q627 ①

Q628 ②　今から2200年以上も前に生きていた人物。

Q629 ①　「虎の巻」は、教科書などの参考書を指す場合も。

Q630 ①

Q631 ③　機械の歯車がデザイン化されたもの。

Q632 ①

Q633 ①

Q634 ②　もともと「包丁」という言葉は、中国で「料理人」を意味する言葉だった。

Q635 ①　ローマ数字の1～10は、Ⅰ、Ⅱ、Ⅲ、Ⅳ、Ⅴ、Ⅵ、Ⅶ、Ⅷ、Ⅸ、Ⅹ。

あるよ。

Q653

写真は「アンコールワット」と呼ばれる石造寺院遺跡の写真です。この遺跡はどこの国にある？

① ペルー

② サウジアラビア

③ カンボジア

Q654

「体温調整」ともっとも関係があるのは？

① あせ　② あくび　③ くしゃみ

Q655

中国語で「シエシエ」、フランス語で「メルシー」、ドイツ語で「ダンケ」、ポルトガル語で「オブリガード」。これらの言葉は、日本語のどんな言葉と同じ意味？

① ありがとう

② こんにちは

③ すばらしい

Q656

けん君の年齢は、お父さんの年齢の4分の1。また、お母さんはお父さんより4歳若く、こうた君より26歳年上です。さて、けん君の年齢は？

① 9歳　　② 10歳

③ 11歳　④ 12歳

Q657

「そんざい」を漢字で書くと？

① 存在　② 在存

Q658

邪馬台国は、3世紀ごろの日本にあった国。では、この国を治めていた女王の名は何という？

① 卑弥呼

② 弥卑呼

③ 卑呼弥

Q659

わたしたちがふだん食べているジャガイモは、次のどの部分？

① 花　② くき　③ 根

Q660

「?をかしげる」は、疑問や不審をあらわす慣用句。?に入る体の一部分は何かな？

① 首　② 鼻　③ 頭

82ページ
のこたえ

Q636
②は曲面（曲がった面）に、①は平面と曲面に囲まれた図形。

Q637
③

Q638
②「絵画」「巨大」「岩石」「単独」は、同じような意味の漢字を組み合わせた熟語だね。

Q639
①

Q640
②

Q641
①は「かぞえる」、②は「そなえる」と読む。

Q642
②音は、空気中では1秒間に約340m、水中では1秒間に約1500m進む。

Q643
③

豆知識　Q658の邪馬台国があった場所は、北九州と畿内大和（奈良県周辺）の2つの有力な説がある。

Q661

「安全」の対義語として、もっともふさわしい言葉は？

① 心配　② 不安　③ 危険

Q662

ヘクタール（記号 ha）は土地の面積をあらわす単位。では、1ヘクタールの大きさとして正しいのは？

① 100㎡　② 1000㎡
③ 1万㎡

Q663

九州南部に見られる、火山灰におおわれた台地のことを何という？

① シラス台地
② 溶岩台地
③ 洪積台地

Q664

1等星は、6等星の何倍の明るさがある？

① 10倍
② 100倍
③ 1000倍

Q665

料理で使用する調味料を「さしすせそ」で表現することがあるよ。「さ」は砂糖、「し」は塩、「す」は酢、「せ」はしょう油。では「そ」は？

① ソース　② みそ　③ ラー油

Q666

「汚名　?　」の　?　に入る言葉として正しいのはどっち？

① 返上　② ばん回

Q667

こたえがもっとも大きい式は？

① 3×3×3
② 5＋5＋5
③ 9÷9÷9

Q668

「ねぶた」は何地方の夏の行事？

① 東北地方
② 関東地方
③ 九州地方

Q669

「伯母」と「叔母」、自分の親の妹を指す場合はどちらの漢字をもちいる？

① 伯母　② 叔母

Q644 ① 稲刈りなどをおこなう大型の農機具。

Q648 ② 著書に「昆虫記」などがある。

Q645 ②

Q646 ③

Q650 ①

Q649 ② 下水は、家庭や工場から出される汚れた水、

Q647 ① 「大義名分」は、「ある行動を起こすための正当な理由」という意味の四字熟語。

Q651 ②

Q652 ③

雨水。「上水」は、飲料などのために溝や管を通して供給されるきれいな水。

Q670

次の文章は「気温」について述べたものです。 A と B に入る言葉の組み合わせとして正しいのはどれ？

気温（大気の温度）とは、地上 A ぐらいの高さの、風通しのよい B で計った温度のことをいいます。

① A：0.5m　B：日なた
② A：1.5m　B：日なた
③ A：0.5m　B：日かげ
④ A：1.5m　B：日かげ

Q671

運慶は、何をつくることの達人として歴史に名を残している？

① 仏像
② 法律
③ 短歌

Q672

声を出さないで文章を読むのはどっち？

① 朗読　② もく読

Q673

地球の衛星はいくつ？

① 1つ　② 4つ　③ 7つ

Q674

アメリカ合衆国とカナダの国境に連なる5つの大きな湖・五大湖。では次のうち、五大湖に属さない湖はどれ？

① スペリオル湖
② ミシガン湖
③ グレートソルト湖
④ ヒューロン湖
⑤ エリー湖
⑥ オンタリオ湖

Q675

「海のミルク」と呼ばれている貝は何？

① かき　② 赤貝　③ あわび

Q676

? に入る数字は何かな？ ? には、同じ数字が入るからね。

$$6\boxed{?}7 \div 1\boxed{?} = 49$$

① 1　② 2　③ 3　④ 4

Q677

次のうち、謙譲語でないのはどれ？

① うかがう
② いらっしゃる
③ 申し上げる

84ページのこたえ

Q653	Q655
③	①

12世紀初めにつくられた建造物。

Q654	Q656
①	②

	Q657
	①

おさめられている。

Q658 ① 邪馬台国や当時の日本に関する情報は、中国の「魏志倭人伝」という文けんに

Q659 ② ジャガイモのように、養分をたくわえたくきが、地中にできる植物も多いんだよ。

Q660 ①

あせには皮ふの乾燥をふせいだり、体温を調整したりする役目があるんだ。

豆知識　Q671の運慶（？〜1223年）は、平安時代の末期から、鎌倉時代の初期にかけて活躍した人物だよ。

Q678

メロンの生産量が日本一の県は？
① 茨城県
② 福井県
③ 岡山県

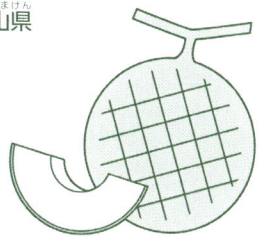

Q679

次のうち、日本国憲法の三原則に当てはまらないのはどれ？
① 国民主権
② 基本的人権の尊重
③ 自由主義

Q680

次のうち、存在しないアリの名称は？
① サムライアリ
② ダイオウアリ
③ グンタイアリ

Q681

「空前絶後」の意味は？
① 非常にぜいたく
② 非常に小さい
③ 非常にめずらしい

Q682

世界最大の島は？
① グリーンランド
② マダガスカル
③ スマトラ

Q683

リュックサックは登山や旅行のとき、とても役に立つよね！
ではこの「リュックサック」は、どこの国からきた言葉かな？
① ハンガリー　② タイ
③ ドイツ

Q684

リーグ戦（総当たり戦）形式のサッカー大会に、6チームが参加しました。試合は全部で何試合おこなわれるかな？
① 15 試合
② 18 試合
③ 21 試合

Q685

下線部分の漢字はどっち？

品質をほしょうする。

① 保証　② 保障

85ページのこたえ

Q661 ③
Q662 ③
Q663 ① シラス台地は、漢字で書くと「白砂台地」。
Q669 ② 自分の親の妹（弟）の場合は叔母（叔父）、姉（兄）の場合は伯母（伯父）と書く。
Q667 ①
Q668 ①
Q664 ② 青森県青森市と青森県弘前市（弘前では「ね
Q665 ②
Q666 ① 「汚名
ぷた」と呼ぶ）のものがとくに有名だよ。
返上」は、新たな成果をあげて、汚名（悪い評判）をしりぞけること。

Q686

「活火山」とは、現在活動している火山や、過去 [?] 以内にふん火したことのある火山のことをいうよ。[?] に入る年数をえらんでね。

① 100年 ② 1000年
③ 1万年

Q687

聖徳太子（厩戸皇子）が厚く保護した宗教は？

① 仏教 ② イスラム教
③ キリスト教

Q688

バスケットボールは、1チーム何人でプレーする競技？

①5人 ②6人 ③7人

Q689

1つだけ、ほかと大きさのちがう分数があるよ。それはどれ？

① $\frac{35}{60}$ ② $\frac{14}{24}$ ③ $\frac{42}{72}$ ④ $\frac{24}{36}$

Q690

暖流（まわりの海水より水温の高い海流）でないのは？

① 黒潮
② 対馬海流
③ 親潮

Q691

森林率（その都道府県の面積にしめる森林面積の割合）が、国内トップの84%である県はどこ？

① 青森県
② 群馬県
③ 高知県

Q692

図形をいろいろ回転させてみたよ。1つだけ、ほかと形のちがう図形を見つけてね。

①  ② 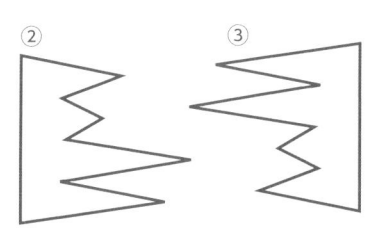 ③ ④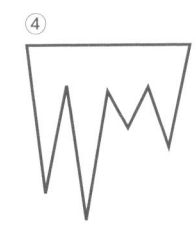

86ページのこたえ

Q670 ④

Q671 ①

Q672 ①

Q673 ① かきの色が牛乳に似ていて、栄養も豊富なことから。

Q674 ③ グレートソルト湖は、アメリカ西部にある大きな塩湖（塩を多くふくむ湖）。

Q675 ① 地球の衛星は、月だけ。

Q676 ③

Q677 ② 「い らっしゃる」は「行く」「来る」「居る」などの尊敬語。「うかがう」は「聞く」「たずねる」などの、「申し上げる」は「言う」の謙譲語。

Q693
テントウムシが食べる
昆虫といえば？
① アリ
② ウスバカゲロウ
③ アブラムシ

Q694
ひとみ（眼球の中心にある黒くて
丸い部分）は、暗い場所ではどう
なる？
① 大きくなる
② 小さくなる

Q695
「アルデンテ」とは、スパゲッティ
のゆで上がりの、どのような状態
を示した言葉かな？
① かなりやわらかい
② 水分がたっぷり
③ 少し歯ごたえがある

Q696
次のうち、東京都千代田区と大阪
府大阪市の距離とほぼ同じ距離な
のは？
① 北海道札幌市と青森県青森市
② 京都府京都市と山口県山口市
③ 広島県広島市と福岡県福岡市

Q697
周囲の色とまぎらわしい、動物の
体の色や模様のことを何という？
① いかく色
② 警戒色
③ 保護色

Q698
「やおや」を漢字で書くと？
① 七重屋　② 八百屋
③ 九十九屋

Q699
「watermelon（ウォーターメロ
ン）」は、何を英語でいったもの
かな？
① すいか　② キウイ　③ なし

Q700
アルプス山脈でもっとも高い山の
名は？
① モンブラン
② エクレア
③ タルト

Q701
「うしみつ」とは、どんな時間帯
をさす言葉？
① 早朝　② 夕方　③ 真夜中

87ページのこたえ

Q678 ① メロンの生産量1位は茨城県、2位は北海道。茨城県はピーマン、はくさいの生産量も多いよ。
Q679 ③「自由主義」ではなく「平等主義」。
Q680 ②
Q681 ③
Q682 ① グリーンランド（デンマークの領土）の面積は日本の約5・8倍。
Q683 ③
Q684 ①
Q685 ① 大丈夫だと受け合う意味では「保証」が、ある状態を守るという意味では「保障」が使われる。

90〜91ページは、大きさをくらべる問題だよ。大きいのはどちらかな?

Q686 ③ は2と3。

Q690 ③と④の図形は、動かすとたがいに重なりあうよ。つまり②と③と④の図形は、「合同」な図形であるといえるね。

Q702 どっちが大きい?
カマキリのおす
カマキリのめす

Q703 どっちのセミが大きい?
ヒグラシ
クマゼミ

Q704 どっちのわく星が大きい?
水星
木星

Q705 どっちの島が大きい?
台湾
北海道

Q706 どっちの島が大きい?
択捉島
国後島

Q707 どっちの都市が大きい?
静岡県浜松市
岐阜県高山市

豆知識 Q706の択捉島と国後島のほか、歯舞群島、色丹島などの島々が集まる地域を、「北方領土」と呼ぶよ。

Q708

どっちの県が大きい？

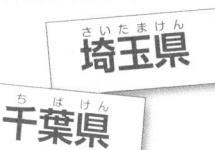

埼玉県

千葉県

Q709

どっちの塔が高い？

エッフェル塔

東京タワー

Q710

どっちの楽器が大きい？

チェロ

コントラバス

Q714

どっちの図形の面積が大きい？

縦2cm・横3.5cmの長方形

2 cm
3.5 cm

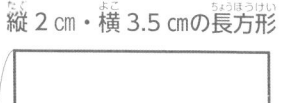
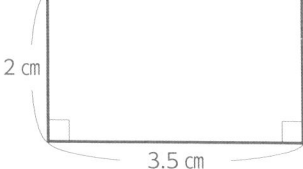

底辺4cm・高さ3cmの三角形

3 cm
4 cm

Q711

どっちの氷のつぶが大きい？

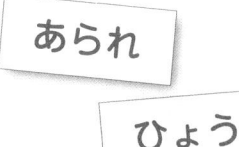

あられ

ひょう

Q712

どっちのご石がやや大きい？

黒のご石

白のご石

Q713

どっちの数の単位が大きい？

垓

秭

89ページのこたえ

Q693 ③
Q694 ①
Q695 ③ もとはイタリア語だよ。
Q696 ②
Q697 ③ 保護色の動物としては、周囲の色によって体色を変化させるカメレオンが有名だね。
Q698 ②
Q699 ① モンブランは、フランスとイタリアの国境にある山。標高4808m。
Q700 ①
Q701 ③ 漢字で書くと「丑三つ」。昔使われていた時刻の言い方で、「丑三つ」は現在の午前2時から2時半ごろ。

Q715

次のうち、「正倉院」と関係がうすい言葉は？
① 鎌倉時代　② 東大寺
③ 校倉造　④ 聖武天皇

Q716

次のうち、画数がいちばん多いのは？

① 輸　② 識　③ 燃

Q717

雲の名称として、実際にあるのはどれ？
① ふぐ雲
② いわし雲
③ かつお雲

Q718

頭のなかだけで計算するやり方をなんという？
① 暗算　② 逆算　③ 筆算

Q719

コスモスが花を咲かせる季節は？
① 春　② 秋

Q720

明治時代初期、屯田兵が置かれたのはどこ？
① 北海道
② 高知県
③ 佐賀県

Q721

だまされないように用心することを、「　？　につばをつける」というよ。　？　に当てはまる顔の部分は何かな？
① まゆ　② まつ毛　③ ひげ

Q722

英虞湾は、何の養殖がさかんなことで有名？
① こんぶ　② わかめ　③ 真珠

Q723

日本では小学校と中学校、どちらがたくさんある？
① 小学校
② 中学校
③ ほぼ同じ

90ページのこたえ

Q702 カマキリのめす

Q703 クマゼミ
頭からはね先まで約6㎝。ヒグラシは約4・5㎝。

Q704 木星
木星は太陽系最大

Q705 北海道
北海道（本島）の面積は約7万8000㎢。台湾の面積は約3万6000㎢。

Q706 択捉島

Q707 岐阜県高山市
高山市は日本一面積の大きな市（東京都とほぼ同じ）で、浜松市は日本で2番目に面積の大きな市。

のわく星。

豆知識　Q722の英虞湾は三重県志摩半島南端にある湾。典型的なリアス式海岸（Q462参照）として知られる。

Q724

①～③のどれを [?] に入れると、食物連鎖の関係が正しくあらわせるかな？

※矢印の向きに食べられることを示す。

落ち葉 → [?] → ヘビ

① カマキリ→バッタ
② ミミズ→カエル
③ ウサギ→ワニ

Q725

丁寧に表現しようとするとき、言葉のはじめに「お」をつけることがあるよね。でも次のなかには、まちがった使い方のものがあるよ。それはどれ？

① お弁当を食べる。
② おコーヒーを飲む。
③ お金をはらう。
④ お湯を出す。

Q726

ある遊園地に 8000 人の人がおとずれました。次の日は前日の 1.2 倍の人がおとずれ、そのうち [?] 人が男性、5265 人が女性でした。さて、[?] に当てはまる数は？

① 2735 人
② 3535 人
③ 4335 人

Q727

個人それぞれに合わせた、将来の生活設計や資産管理などのアドバイスをおこなう職業を何という？

① セラピスト
② システムエンジニア
③ ファイナンシャルプランナー

Q728

次の 4 枚のカードを使ってできる最大の数から、4 枚のカードを使ってできる最小の数をひくと、こたえはいくつになる？

| 3 | 8 | 1 | 6 |

① 6948　② 7245　③ 7263

Q729

「のれんに腕押し」と同じ意味のことわざはどれ？

① ぬかに釘
② 寝耳に水
③ 地獄で仏

Q730

全国各地にある「天満宮」とは、だれをまつった神社かな？

① 徳川家康
② 安倍晴明
③ 菅原道真

**92ページ
のこたえ**

Q719	Q716	Q715
②	②	①

Q720		
①		

Q721	Q717	
①	②	

Q722		
③		

Q723	Q718	
①	①	

**92ページ
のこたえ**

Q715 ①
「識」は19画。「輪」と「燃」は16画。

Q716 ②
正倉院は、東大寺大仏殿の北西にある校倉造の倉。聖武天皇の遺品をはじめ、奈良時代の美術品が数多くおさめられているよ。

Q717 ②
正式名は「巻積雲」。「さば雲」「まだら雲」とも呼ばれる。

Q718 ①

Q719 ②

Q720 ①
屯田兵は、北海道の開拓と警備のために置かれた農兵。

Q721 ①

Q722 ③

Q723 ①

Q731

次のうち、石川啄木の歌集でないのはどれ？
① 『赤光』
② 『一握の砂』
③ 『悲しき玩具』

Q732

人間が舌で感じる味覚（味を感じる感覚）は、一般にいくつあるといわれている？
① 2つ
② 5つ
③ 8つ

Q733

「 ? 花火」は、小さな輪の形をした、火をつけると地面を走り回りはれつする花火だよ。 ? に入る動物名をこたえてね。
① ねずみ　② こいぬ　③ とかげ

Q734

氷入りの水が入ったコップをはかると、500gありました。では、氷が全部とけたあとの重さはどうなるかな？
① 重くなる
② 軽くなる
③ 変わらない

Q735

「白寿」とは何歳のこと？
① 77歳　② 88歳　③ 99歳

Q736

四字熟語の「たんとうちょくにゅう」は、漢字でどう書くんだったかな？
① 短答直入
② 短刀直入
③ 単刀直入

Q737

「春告げ鳥」「花見鳥」「匂い鳥」「人来鳥」などの別名がある鳥の名は？
① ツル　② ウグイス
③ カッコウ

Q738

次のうち、濁音がふくまれている言葉はどれ？
① パン　② ガラス
③ ロッカー

Q739

アルカリ性なのはどれ？
① 石灰水　　② 炭酸水
③ レモンのしる　④ 塩酸

まめ知識　Q738の濁音は、ガ、ザ、ダ、バなどのように、濁点「゛」をつけてあらわされるよ。

Q740

次のリサイクルマークの入った
ジュースの缶に磁石を近づけたと
き、磁石がつくのはどちらのマー
クが入った缶かな？

①

②

Q741

倒幕（幕府を倒すこと）の立役者
のひとりとなった、長州藩士の名
は？

① 桂小五郎
② 西郷隆盛
③ 大久保利通
④ 坂本龍馬

Q742

訓読みになっているのはどれ？

① 天才（てんさい）
② 草木（くさき）
③ 公園（こうえん）
④ 教員（きょういん）

Q743

江戸時代の東海道五十三次の道
とは、江戸の日本橋から、京の
　?　 にいたった道のことだよ。
　?　 に当てはまる橋の名前
は？

① 一条大橋　　② 二条大橋
③ 三条大橋　　④ 四条大橋
⑤ 五条大橋

Q744

①〜③のどれを鏡にうつすと、
右の文字になるかな？

学習

①

②

③

Q745

次の ? には、どんな整数が入るかな？

$$5 < \boxed{?} \leq 9$$

① 5,6,7,8
② 5,6,7,8,9
③ 6,7,8,9

Q746

次のうち、アジアの国でないのは？

① ブータン
② チュニジア
③ パキスタン
④ ラオス

Q747

「春は ? 」は、『枕草子』に書かれている有名な一文だよ。 ? に入る言葉は何かな？

① あけぼの　② 夜
③ 夕暮れ　④ つとめて

Q748

「トウシューズ」とは、何をするときにはくくつ？

① バレエ　② 卓球
③ ボウリング

Q749

ガチョウとダチョウ、走るのがはやい鳥はどっち？

① ガチョウ
② ダチョウ

Q750

中禅寺湖は、日本一高い場所にある湖として知られているよ。では、この湖があるのは何県かな？

① 栃木県　② 兵庫県
③ 大分県

Q751

20分に10個のパンを焼けるオーブンと、30分に8個のパンを焼けるオーブンがあります。1時間後には、合わせていくつのパンが焼き上がっているかな？

① 36個　② 46個　③ 76個

Q752

オレンジの年間生産量が世界一の国は？

① ブラジル
② メキシコ
③ スペイン

94ページのこたえ

Q731 ① 石川啄木（1886〜1912年）は明治時代の代表的歌人。『赤光』（1913年刊）は斎藤茂吉の歌集。

Q732 ② 甘

Q733 ①

Q734 ③

Q735 ③

Q736 ③ 味・酸味・塩味・苦味・うま味の5つ。

Q737 ②

Q738 ②

Q739 ①

『単刀直入』は、遠回しな言い方でなく、いきなり問題点に触れること。

「百」の字から「一」をとると、「白」になることから。

豆知識 Q750の中禅寺湖は、海抜（海面からはかった陸地の高さ）1269mの高さにあるよ。

Q753

「　?　からぼたもち」は、思いがけない幸運にあうことを意味することわざだよ。　?　に入る言葉は何かな？

① たな　② 空　③ 母

Q754

? に入る数字は何？

$$153 ÷ \boxed{?} = 7 \text{あまり} 6$$

① 20
② 21
③ 22

Q755

次のうち、存在しない星座は？

① かみのけ座
② コップ座
③ ふうせん座

Q756

奈良の都・平城京は、唐（昔の中国）の何という都をモデルにつくられた？

① 長安
② 西安
③ 洛陽

Q757

日本では、どの産業で働く人の割合が多い？

① 第1次産業
② 第2次産業
③ 第3次産業

Q758

『小倉百人一首』に歌がおさめられている歌人100人のなかに、女性は何人いる？

① 7人　② 14人　③ 21人

Q759

直角二等辺三角形の内角の角度として、正しくないのは？

① 30°　② 45°　③ 90°

Q760

「東北東」の反対の方角は？

① 西北西
② 西南西
③ 東南東

Q761

次の文章のうち、「おさめる」を「治める」と書くのはどれ？

① 国をおさめる。
② 税金をおさめる。
③ 英語をおさめる。

98〜99ページは、しりとり形式のクイズだよ。 ? に当てはまる文字をカタカナでこたえてね。前の問題のこたえの最後の文字が、次の問題のこたえの最初の文字になっているよ。

96ページのこたえ

Q745 ③ いい。

Q746 ② チュニジアはアフリカにある国だね。

Q747 ① 意味は、「春はあけぼの〈夜明け〉のころが、風情があっていい」。

Q748 ① つま先立ちができやすいよう、先端が固くなっている。

Q749 ② ダチョウは高さが約2・5mもある、現代に生息している鳥のなかでは最大の鳥。つばさが小さく飛べないが、あしが強大で高速で走る。

Q750 ①

Q751 ②

Q752 ①

Q762

沖縄県の県庁所在地は ? 市だね。
? に入る市名は？

?	ハ

Q763

直径の半分は？

ハ	?	?	イ

Q764

メソポタミア文明の発祥地となっている国は？
首都はバグダッド。

イ	?	?

Q765

大豆の一種で、正月のおせち料理で
よく見かける豆といえば？

?	ロ	マ	?

Q766

地面にたたきつけ合って遊ぶ、ボール紙製の
おもちゃといえば？

?	ン	?

Q767

昨日の夜は「昨夜」。今日の夜は？

?	?	ヤ

Q768

山で起こる、声や音の反響を何という？

ヤ	?	?	コ

豆知識 Q762の沖縄県は第2次世界大戦後、アメリカの統治下に入り、1972年（昭和47）に日本に返還された。

Q769
円をかくときにもちいる用具といえば何？

コ	？	？	ス

Q770
酢飯に魚介類などをのせた日本料理といえば何？

ス	？

Q771
金属製円盤を打ち鳴らす打楽器といえば何？

？	ン	？	ル

Q772
虫めがねを別の呼び方でいうと？

ル	？	？

Q773
針金を切ったり曲げたりする工具といえば何？

？	ン	？

Q774
地球の自転軸のことを何という？

？	？	ク

Q775
足首の左右の盛り上がっている部分を何という？

ク	ル	？	？

Q776
？県の県庁所在地は松江市だね。
？に入る県名は？

？	？	？

97ページのこたえ

Q753 ①

Q754 ②

Q755 ③

Q756 ①

Q757 ③ 第1次産業には農業・林業・水産業など、第2次産業には鉱工業・製造業など、第3次産業には商業・金融業・情報通信業・サービス業などが当てはまる。

Q758 ③ 紫式部、清少納言、小野小町

Q759 ① 直角二等辺三角形の内角の角度は、90度・45度・45度。

Q760 ②

Q761 ① ②は「納める」、③は「修める」。

ら21人。

豆知識　Q776の松江市や出雲市にまたがる宍道湖は、シジミが豊富にとれることで有名だよ。

**98ページ
のこたえ**

Q762 ナハ（那覇）沖縄県の県庁所在地である那覇市は、沖縄島南西部の都市。陶器の「壺屋焼」、染め物の「びんがた」などの伝統工芸品が特産。

Q763 ハンケイ（半径）

Q764 イラク 西アジアの国。ナツメヤシの産地で、石油の埋蔵量も多い。

Q765 クロマメ（黒豆）

Q766 メンコ（面子）

Q767 コンヤ（今夜）

Q768 ヤマビコ（山びこ）

Q777

「香の物」とは、何を指す言葉？

① 線香　② せっけん

③ つけもの

Q778

部首が「りっしんべん」の漢字はどれ？

① 進　② 情　③ 防

Q779

波線はどれ？

① 〜〜〜〜〜

② － － － －

③ ＝＝＝＝＝

Q780

次の渡り鳥のうち、夏鳥（春から夏に渡来し、秋に南へわたる鳥）はどれ？

① カモメ　② ハクチョウ

③ ツバメ

Q781

江戸幕府の最高の職名は？

① 老中　② 勘定奉行

③ 若年寄

Q782

「east（イースト）」を日本語に直すと？

① 北　② 南　③ 東　④ 西

Q783

次のシェークスピアの作品のうち、四大悲劇にふくまれないのは？

① 『リア王』

② 『ベニスの商人』

③ 『マクベス』

④ 『ハムレット』

⑤ 『オセロ』

Q784

いちばん長いのは？

① $3\frac{3}{4}$ m

② 390 ㎜

③ 3.8 m

Q785

次のなかで、メダカが産卵するためにもっとも適している水温は？

① 5℃　② 15℃　③ 25℃

Q786

静岡県は、日本一の何の産地として有名かな？

① 茶　② トマト　③ のり

豆知識 Q783のシェークスピア（1564〜1616年）はイギリスの劇作家だよ。

Q787

次のうち、双子葉類（子葉が2枚ある植物）は？

① イネ
② アサガオ
③ トウモロコシ

Q788

オランダの国花は何？

① チューリップ
② バラ
③ カーネーション

Q789

六面体のサイコロを振り、3回連続で偶数がでる確率は？

① 8分の1
② 9分の1
③ 12分の1

Q790

12切れのピザを3人で食べました。ひとりが全体の $\frac{1}{3}$ を、ひとりが全体の $\frac{1}{6}$ を、ひとりが全体の $\frac{1}{4}$ のピザを食べたとき、残ったピザは何切れ？

① 1切れ
② 2切れ
③ 3切れ

Q791

次のうち、せきつい動物はどれ？

① タコ
② クモ
③ ヘビ

Q792

成績や階級が第一位であることを示す漢字はどれ？

① 甲　② 乙　③ 丙

Q793

きな粉の原料は何？

① 小麦　② 大豆　③ 米

Q794

織田信長が、「桶狭間の戦い」で倒した戦国大名の名は？

① 朝倉義景
② 今川義元
③ 浅井長政

Q795

「磯辺もち」「磯辺あげ」などに使われている「磯辺」という言葉は、何を使用した料理や菓子につけられる言葉かな？

① のり
② 貝
③ えび

99ページのこたえ

Q769 コンパス

Q770 スシ（寿司）

Q771 シンバル トルコからヨーロッパに広まった楽器。

Q772 ルーペ もとはド イツ語。

Q773 ペンチ

Q774 チジク（地軸）南極と北極を結ぶ軸。地球の公転面に対して約66・6度傾いている。

Q775 クルブシ（くるぶし）

Q776 シマネ（島根）島根県は、日本海に面している中国地方中央部の県。漁業がさかん。

Q796

A×B＝20、（C−A）×B＝12 のとき、次の式のこたえはいくつになる？

$$B × C = \boxed{?}$$

① 8
② 16
③ 32

Q797

「利益が出る」という意味の言葉はどっち？
① 黒字　② 赤字

Q798

夜空にかがやく、帯状に見える無数の恒星の集まりを何という？
① 天の川
② 星の川
③ 光の川

Q799

世界の国のなかで、首都がもっとも南に位置している国はどこ？
① オーストラリア
② ペルー
③ ニュージーランド
④ 南アフリカ共和国

Q800

ポケットやふところなどに入れて持ち歩く、小型の時計のことを何という？
① ちちゅう時計
② かいちゅう時計
③ くうちゅう時計

Q801

「蛇足」とは、どんな意味？
① 大切なもの　② 小さいもの
③ 余分なもの

Q802

世界には、いくつぐらい国があるのかな？
① 約 100　② 約 200
③ 約 300

Q803

次の作品のうち、1 つだけ芥川龍之介の作品でないものがあるよ。それはどれ？
① 『蜘蛛の糸』
② 『トロッコ』
③ 『杜子春』
④ 『走れメロス』
⑤ 『鼻』

100ページのこたえ

Q777 ③

Q778 ②　「進」の部首は「辶（しんにょう）」、「防」の部首は「阝（こざとへん）」。

Q779 ①

Q780 ③　カモメやハ

Q781 ①

Q782 ③

Q783 ②　シェークスピアの作品にはこ

Q784 ③

Q785 ③

Q786 ①

クチョウは冬鳥で、秋に日本に来て冬を越し、春に去る鳥だよ。のほか、『ロミオとジュリエット』『真夏の夜の夢』などがあるよ。

豆知識　Q801の「蛇足」は、ヘビの絵の早描き競争で、はやくできた者が足まで描き、負けたという故事に由来。

Q 804

「ズボン」「マント」「キュロット」「アップリケ」などの言葉は、どこの国からきたものかな？

① イギリス
② フランス
③ イタリア

Q 805

「尺」は昔の日本で使われていた長さの単位。では、1尺は約何cmかな？

① 30.3 cm
② 303 cm
③ 30.3 m

Q 806

「ちりも積もれば ? となる」は、ほんのわずかな行いや努力でも、積み重ねていけば大きな成果となるという意味のことわざだよ。
? に入る漢字は何かな？
① 山　② 海　③ 空

Q 807

門前町とは、どのような施設を中心として栄えた町のことをいうのかな？

① 城　② 港　③ 寺や神社

Q 808

地球から月までの距離は、地球の赤道約何周分にあたる？

① 約 9.6 周
② 約 30.8 周
③ 約 89.5 周

Q 809

日本の47都道府県で、もっとも面積が小さいのは？

① 東京都
② 大阪府
③ 香川県

Q 810

新幹線は、時速何km以上で走行する能力をもった鉄道？

① 時速 100 km以上
② 時速 200 km以上
③ 時速 500 km以上

Q 811

1～9までの数をたすといくつになる？

① 45　② 50　③ 55

Q 812

日本人の平均寿命は、男性と女性、どちらが長い？

① 男性　② 女性

101ページ
のこたえ

Q787 ②
①のイネや③のトウモロコシは、単子葉類（子葉が1枚の植物）。

Q789 ①
3回連続で奇数が出る確率も、同じく8分の1。

Q792 ①

Q793 ②

Q794 ②

Q795 ①

Q788 ①
バラはイギリスやポルトガル、カーネーションはスペインの国花になっているよ。

Q790 ③

Q791 ③
背骨がある動物が、せきつい動物。タコやクモは、無せきつい動物。

102ページのこたえ

Q796 ③ （C－A）×B＝12は、B×C－A×B＝12と同じだね。よって、B×C－20＝12となり、B×C＝32となる。

Q800 ②「懐中時計」と書くよ。

Q801 ③

Q802 ②

Q803 ④『走れメロス』の作者は太宰治。

Q797 ① 南に位置する首都。

Q798 ① 支出より収入が多いと「黒字」、少ないと「赤字」。

Q799 ③ ニュージーランドの首都であるウェリントンが、もっとも

Q813

低気圧と高気圧、一般に天気が悪くなるのはどちらが近づいたとき？

① 低気圧　② 高気圧

Q814

「茨城県」の読みで正しいのは？

① いばらきけん

② いばらぎけん

③ いばらしろけん

Q815

次のなかで、ノーベル賞を2度受賞している人物はだれ？

① マリ・キュリー

② 湯川秀樹

③ アルベルト・アインシュタイン

Q816

「なごむ」と読むのはどれ？

① 和む

② 育む

③ 笑む

Q817

六角形の内角の和は？

① 540°

② 720°

③ 900°

Q818

レストランなどで、お客さんの相談に応じてワインをえらぶワインの専門家を何という？

① オムリエ　② ノムリエ

③ ソムリエ

Q819

完全花（Q555参照）はどれ？

① イチョウ　② タンポポ

③ ヘチマ

Q820

はく息と吸う息、二酸化炭素が多くふくまれているのはどっち？

① はく息

② 吸う息

Q821

金・銀・鉄・ガラスを、熱が伝わりやすい順にならべるとどうなるかな？

① 金・銀・ガラス・鉄

② 金・ガラス・銀・鉄

③ 銀・鉄・金・ガラス

④ 銀・金・鉄・ガラス

豆知識 Q817の多角形の内角の和は、180°×（辺の数－2）の式から求めることができるよ。

Q822

次の句は、正岡子規の有名な俳句です。 ? にはどんな食べ物が入るかな？

? くへ（え）ば
鐘がなるなり
法隆寺

① 芋

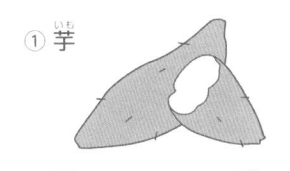

② 柿

③ 栗

Q823

血液にふくまれる主要成分の1つで、病原菌の排除において重要な役割を果たしているものは？
① 赤血球　② 白血球　③ 血小板

Q824

? に入る数字は何？

$$
\begin{array}{r}
6\,?\,9\,3 \\
+\ \ \ 749 \\
\hline
7642
\end{array}
$$

①7　②8　③9

Q825

地層についての説明で、正しいのはどっち？
① 上にある層ほど古い
② 下にある層ほど古い

Q826

吉野ヶ里遺跡は、何時代の遺跡として知られている？
① 縄文時代
② 弥生時代
③ 飛鳥時代

Q827

重大事や戦いの前に、興奮して体がふるえることを、「 ? ぶるい」というよ。 ? に入る言葉は何かな？
① 武者
② 力士
③ 魔女

Q828

日本の首都である東京都から、もっとも離れた場所に位置する外国の首都はどこ？
①ヘルシンキ
②モンテビデオ
③ヤウンデ

103ページのこたえ

Q804 ②　フランスから、ファッション関係の言葉が日本にたくさん入ってきているよ。

Q805 ①　1尺は1寸（約3.03cm）の10倍。

Q806 ①

Q807 ③

Q808 ①　地球から月までの距離は約38万km、地球の赤道周囲は約4万km。

Q809 ③　面積の大きさ47位が香川県、46位が大阪府、45位が東京都。

Q810 ②

Q811 ①

Q812 ②　女性は87.26歳、男性は81.09歳。（2017年）

ヒントを参考にして、
？に当てはまる
漢数字をこたえよう。

104ページのこたえ

Q813 ①

Q814 ①

Q815 ①　マリ・キュリーは1903年にノーベル物理学賞、1911年に化学賞を受賞。

「育む」は「はぐくむ」、「笑む」は「えむ」と読む。

Q817 ②

Q818 ②

Q819 ②　イチョウやヘチマは不完全花。

Q821 ④

Q820 ①

Q816 ①

はく息にふくまれている二酸化炭素の割合は約4％、吸う息にふくまれている二酸化炭素の割合は約0・03％。

Q829
？望千里

ヒント　広々していて、見晴らしのいいこと。

Q830
億？長者

ヒント　大金持ち。

Q831
一石？鳥

ヒント　「一挙両得」と同じ意味。

Q832
？両役者

ヒント　飛びぬけた活躍を見せる人気者。

Q833
？転八起

ヒント　何度失敗しても、あきらめない！

Q834
危機？髪

ヒント　あ、あぶないっ！

Q835
千変？化

ヒント　さまざまに変化すること。

Q836
二者択？

ヒント　2つのうち、どちらか一方をえらぶこと。

　豆知識　Q829の四字熟語は、大草原や、山からながめた景色などを形容する際によく使われるよ。

Q837
? 季

ヒント 春・夏・秋・冬。

Q838
? 合

ヒント 植物の「ユリ」を漢字でこう書きます。

Q839
十 ? 指腸

ヒント 胃につながる小腸の最初の部分。

Q840
第 ?

ヒント 年末に歌われることも多い曲。ベートーベンの作曲だよ。

Q841
? 浦半島

ヒント 東は東京湾、西は相模湾。

Q842
? 和田湖

ヒント 青森と秋田の県境にある湖。

Q843
? 王子市

ヒント 人口は、東京都（23区をのぞく）の市町村でトップ！

Q844
石田 ? 成

ヒント 関ヶ原の戦いで、徳川家康と対決！

Q845
? 天王寺

ヒント 聖徳太子の創建と伝わる大阪市の寺。

Q846
兼 ? 園

ヒント 日本三名園の1つ。

105ページのこたえ

Q822 ② 俳句のなかに出てきた「法隆寺」は奈良県にある寺で、聖徳太子が建てたと伝えられているよ。

Q827 ①

Q828 ② モンテビデオは、南米の国ウルグアイの首都。東京から約1万8600km離れている。

Q824 ②

Q825 ②

Q826 ②

Q823 ② 吉野ヶ里遺跡は、佐賀県にある弥生時代の遺跡。

赤血球には酸素や二酸化炭素を運ぶ役割があり、血小板には止血作用がある。

**106ページ
のこたえ**

Q834 危機一髪
Q832 千両役者
Q829 一望千里

Q833 七転八起
Q830 億万長者
Q831 一石二鳥

かみの毛1本ほどのわずかな差で、危険がせまっていること。

何度失敗しても、そのたびにめげずに立ち上がること。「七転び八起き」ともいう。

1つのことをして、同時に2つの利益を得ること。

Q835 千変万化

Q836 二者択一

Q847

たたみを作るのによくもちいられるイグサは、何県が日本最大の産地になっている？

① 北海道　② 福島県
③ 熊本県

Q848

？ にどんな数字が入れば、次の比例式は成立する？

$$31 : 17 = \boxed{?} : 102$$

① 186　② 201　③ 217

Q849

雨のいきおいが増すことを、「雨 ？ が強まる」というよ。 ？ に入る漢字は何かな？

① 手
② 足
③ 口

Q850

コオロギがもっともよく鳴く時間帯はどっち？

① 朝　② 夜

Q851

サンマを漢字で書くと、どうなるかな？

① 春刀魚
② 夏刀魚
③ 秋刀魚
④ 冬刀魚

Q852

「庭球」とは、どんなスポーツのことをいった言葉？

① ハンドボール
② テニス
③ バレーボール

Q853

「ヤード」はアメリカなどで使われている長さの単位だよ。では1ヤードは約何 m かな？

① 0.9144 m
② 9.144 m
③ 91.44 m

Q854

次の農作物のうち、ブラジルが世界一の生産量をほこっているものは何かな？

① 茶
② 落花生
③ コーヒー豆

 豆知識 Q853のヤードの記号は「yd」。1ヤードは3フィート。（フィートに関しては、Q468を参照）

Q855

ドイツ、オーストリア、ハンガリー、セルビア、ルーマニア、ブルガリアなど、約10の国を流れているヨーロッパの川の名は？
① ガンジス川　② ドナウ川
③ メコン川

Q856

「ランドセル」は、どこの国の言葉がもとになっている？
① ポルトガル
② イギリス
③ オランダ

Q857

次のプランクトンのうち、動物性プランクトンはどれ？
① ミカヅキモ
② ミジンコ
③ アオミドロ

Q858

将軍を補佐し、政治全体をとりまとめた鎌倉幕府における最高職の名称は？
① 大老
② 管領
③ 執権

Q859

「うけたまわる」を漢字で書いたとき、送りがなが正しいのはどれ？
① 承る
② 承わる
③ 承まわる

Q860

当たりが8個、はずれが57個入っているくじがあります。はずれくじの数をかえずに、当たる確率を24%にするには、当たりくじをいくつ増やせばいい？
①5個　②8個　③10個

Q861

日本にやって来る台風は、中心に向かって、どのように風が吹きこんでいる？
① 時計回り
② 反時計回り

Q862

世間のうわさは長く続かず、しばらくしたら忘れられるものという意味のことわざ「人のうわさも　？　日」。　？　に入る数字は？
①五十五　②七十五　③九十五

107ページのこたえ

Q837 四季

Q838 百合

Q839 十二指腸

Q840 第九
『交響曲第9番ニ短調』の通称。

Q841 三浦半島
豊臣秀吉に信頼され内政面で活躍したが、関ヶ原の戦いで敗れ、処刑された。

Q842 十和田湖
日本有数のカルデラ湖。

Q843 四天王寺

Q844 石田三成

Q845 八王子市

Q846 兼六園
石川県金沢市にある庭園。

Q837 神奈川県南東部の半島。

Q863

紀貫之の書いた旅日記のタイトルは？

① 『伊予日記』　② 『阿波日記』
③ 『土佐日記』

Q864

音楽用語で、音と音のあいだを切って、歯切れよく演奏することを何という？

① スカッタート
② ストッターカ
③ スタッカート

Q865

きゅうり・いちご・すいかの生産量が世界トップクラスの農業国はどこ？

① フランス
② ユーゴスラビア
③ トルコ

Q866

次の漢字のうち、訓読みしかもたない漢字はどれ？

① 畑
② 信
③ 氏

Q867

ティラノサウルス、ステゴサウルス、ブロントサウルスなど、恐竜の名前には「サウルス」がよくつくよね。ではこの「サウルス」のもとの意味は何か知っている？

① トカゲ　② 暴れん坊
③ 大きな

Q868

「とっとりけん」は、漢字でどう書くかな？

① 鳥取県
② 取鳥県

Q869

右の図形の黒い部分と白い部分、面積が大きいのはどちらかな？

① 黒い部分
② 白い部分

2.7 ㎝

2.7 ㎝

1.3 ㎝

4 ㎝

108ページ
のこたえ

Q847 ③ 国内で生産されるイグサの約9割が熊本県産。

夜に、鳴き声がよく聞こえるよ。

Q851 ③ 秋の代表的な魚であることから。

「排球」。

Q853 ① 1ヤードは1mより少し短いんだね。

Q848 ① 31×102÷17＝186

Q854 ③ 世界で生産されるコーヒー豆の約3割がブラジル産だよ。

Q852 ② ハンドボールは「送球」、バレーボールは

Q849 ②

Q850 ② 秋の

豆知識　Q863の紀貫之は平安時代前期の歌人。『小倉百人一首』（Q758参照）にも和歌がおさめられているよ。

Q870
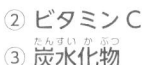
牛乳、小魚、チーズ、海藻などは、どんな栄養素を多くふくむ食品として知られているかな？

① カルシウム
② ビタミンC
③ 炭水化物

Q871
次の文章の下線部分の読みとして、正しいのはどっち？

ごみを分別する。

①ふんべつ　②ぶんべつ

Q872
水にとけないのはどれ？
① 二酸化炭素
② ホウ酸
③ アルコール
④ 石油

Q873
ことわざの「後悔 ? に立たず」。? に入る漢字は何？
① 前
② 後
③ 先

Q874
ひとりにあめを6個ずつ配ると8個たりなくなり、5個ずつ配ると3個あまります。その場合の、あめの数と人数の組み合わせとして正しいのはどれ？

① あめの数：28個　人数：5人
② あめの数：28個　人数：6人
③ あめの数：58個　人数：9人
④ あめの数：58個　人数：11人

Q875
「絶えん体」とは、どんな物質を指す言葉？
① 電気や熱をよく通す物質
② 電気や熱を通さない物質

Q876
江戸幕府第10代将軍・徳川家治に仕え、大きな権力をにぎった人物の名は？
① 林羅山
② 新井白石
③ 田沼意次

Q877
「ジンギスカン」や「シシカバブ」は、何の肉を使った料理？
① 豚　② 牛　③ 羊

109ページのこたえ
Q855 ② 物性プランクトン。
Q856 ③
Q857 ① ミカヅキモやアオミドロは、植
Q858 ③ 大老は江戸幕府の、管領は室町幕府の職名。
Q859 ③
Q860 ③ 18〔当たりくじの数〕÷75〔全体の数〕＝0・24
Q861 ② 地球の自転が関係しているよ。
Q862 ②
Q855 ② ガンジス川は南アジア、メコン川は東南アジアを流れる川。
Q856 ③
Q857 ①「承る」は、「受ける」や「聞く」の謙譲語。

112～113ページの問題は、日本の貿易に関するクイズだよ。113ページの表も見ながらこたえてね。
表は、日本の主な貿易相手国（地域）を、輸出額と輸入額の多い順にならべたものだよ。

Q878

表の **A** に入る国は次のうちどれ？

① 韓国
② ロシア
③ フランス

Q879

表の **B** に入る国は次のうちどれ？ 日本はこの国から、多くの石炭を輸入しているよ。

① インド
② オーストラリア
③ イギリス

Q880

表の **C** に入る国は次のうちどれ？ 日本はこの国から、多くの魚介類を輸入しているよ。また日本からは、鉄鋼、電子部品などが主な輸出品となっているよ。

① タイ
② イタリア
③ ノルウェー

Q881

貿易額（輸出額と輸入額の合計）が最も多く、日本最大の貿易相手国といえる国はどこ？

① シンガポール
② アメリカ合衆国
③ 中国

Q882

日本の主要な貿易相手国は、どの地域に多い？

① アジア　　② ヨーロッパ
③ アフリカ

Q883

資源にとぼしい日本は、原材料を外国から輸入し、それをもとに国内で新しい製品をつくり、輸出するという貿易の形で発展してきた。この貿易の形を何という？

① 保護貿易
② 加工貿易
③ 仲介貿易

豆知識 2017年の日本の輸出総額は約79兆2200億円、輸入総額は76兆7700億円。

Q884

次のうち、日本の輸出額が、輸入額を大幅に上回っている国は？
① 中国　② ドイツ
③ アメリカ合衆国

Q885

日本最大の輸出品は？
① 鉄鋼　② 食料品　③ 自動車

Q886

原油は、日本のとてもたいせつな輸入品となっています。では、日本はどことどこの国から、主に原油を輸入しているのかな？
① ドイツとサウジアラビア
② ドイツとアラブ首長国連邦
③ サウジアラビアとアラブ首長国連邦

Q887

日本は、小麦・とうもろこし・大豆などの農作物を、どこの国からもっとも多く輸入している？
① 中国　② アメリカ合衆国
③ ロシア

Q888

日本はあるものを、マレーシア、インドネシア、表の | B | の国などからの輸入にたよっているよ。そのあるものとは？
① 液化天然ガス　② 医薬品
③ プラスチック

Q889

次のうち、その多くを中国からの輸入にたよっているものはどれ？
① 衣類　② 牛肉　③ 砂糖

	日本の主な輸出先	輸出額
1位	アメリカ合衆国	15兆1135億円
2位	中国	14兆8897億円
3位	A	5兆9752億円
4位	台湾	4兆5578億円
5位	香港	3兆9741億円
6位	C	3兆3004億円
7位	シンガポール	2兆5406億円
8位	ドイツ	2兆1246億円
9位	B	1兆7956億円
10位	ベトナム	1兆6881億円

(2017年)

	日本の主な輸入先	輸入額
1位	中国	18兆4593億円
2位	アメリカ合衆国	8兆903億円
3位	B	4兆3650億円
4位	A	3兆1527億円
5位	サウジアラビア	3兆1150億円
6位	台湾	2兆8478億円
7位	ドイツ	2兆6272億円
8位	C	2兆5502億円
9位	アラブ首長国連邦	2兆3288億円
10位	インドネシア	2兆2307億円

(2017年)

111ページのこたえ

Q870 ① カルシウムは、じょうぶな骨や歯をつくるのに必要な栄養素だよ。

Q874 ④

Q871 ②

Q876 ③

Q875 ②　電気をよく通す物質のことは「導体」という。

Q872 ④

Q877 ③

Q873 ③　「してしまったことは、あとになってくやんでも取り返しがつかない」という意味。また、「導体」と「絶えん体」の中間にあたる物質のことは、「半導体」という。

Q890

これは何を示す地図記号？
① 市役所
② 温泉
③ 警察署

Q891

次の歌人のうち、『新古今和歌集』の代表的歌人はだれ？
① 紀貫之
② 壬生忠岑
③ 西行

Q892

はやくから「地動説（地球は自転しながら太陽の回りをまわっているという考え方）」をとなえていた、天文学者の名前は？
① ナポレオン
② コペルニクス
③ プラトン

Q893

次の3つの数の、最小公倍数はいくつ？

9 12 27

① 72
② 108
③ 144

Q894

1522年、率いた船が、初の世界一周を成しとげたことで知られるポルトガルの航海者の名は？
① コロンブス
② マゼラン
③ バスコダガマ

Q895

キノコのかさを支える部分のことを何という？
① う
② え
③ お

Q896

今から1億4300万年前から6500万年前までのあいだを指す、恐竜が大繁栄した時代（末期に絶滅）のことを何紀という？
① 白亜紀
② 三畳紀
③ 石炭紀

Q897

香川県丸亀市の有名な特産品は何？
① そろばん　② うちわ
③ 鉄器

Q898

次の言葉の下線部分を漢字で書くとき、正しいのはどっち？

小学生を
たいしょうとした本

① 対象　② 対照

Q899

漢字はどれ？

① ゝ　② 々　③ 凸

Q900

植物が種子を散らばらせる方法は、種類によってさまざまだよ。では、実が熟すと、種子がはじき飛ばされる仕組みをもっている植物は次のうちどれかな？

① タンポポ
② オナモミ
③ ホウセンカ

Q904

次の数字を漢字で書いたとき、正しいのはどれ？

203,840,782,090

① 二千三十八億四千七十八万二千九十
② 二千三十八億八千七十四万二千九十
③ 二兆三十八億四千七十八万二千九十
④ 二兆三十八億四千七十八万二千九百

Q901

奈良時代に書かれた、日本でもっとも古い歴史書はどれ？

① 『大日本史』
② 『古事記』
③ 『吾妻鏡』

Q902

次のうち、東京都でおこなわれる祭りは？

① 天神祭
② 祇園祭
③ 神田祭

Q903

次の僧のなかで、ひとりだけ時代がちがう人がいるよ。それはだれかな？

① 曹洞宗を広めた道元
② 天台宗を広めた最澄
③ 真言宗を広めた空海

113ページのこたえ

Q884 ③ とくにアメリカに、自動車をたくさん輸出しているよ。

Q885 ③ サウジアラビアとアラブ首長国連邦で産出されたものなんだよ。

Q886 ③ 日本が輸入している原油の5割以上は、

Q887 ② アメリカは工業だけでなく、農業もたいへん発達している国だよ。

Q888 ①

Q889 ① 牛肉はオーストラリアとアメリカから、砂糖はタイとオーストラリアから多く輸入しているよ。

豆知識 Q901の奈良時代とは、710年から784年までの、奈良の平城京に都のあった時代のことを指すよ。

114ページのこたえ

Q890 ③ 丸のなかのばつ印は、警棒をあらわしているよ。

Q891 ③ 紀貫之や壬生忠岑は『古今和歌集』にかかわった歌人たち。

Q892 ② コペルニクス（1473〜1543年）はポーランドの天文学者。

Q893 ③ 漢字では「柄」と書く。

Q894 ② マゼランは航海途中に命を落

Q895 ②

Q896 ①

Q897 ②

としたため、実際に世界一周を成しとげたのはマゼランの部下たち。

Q905

? にどんな数字を入れると、次の式が成り立つかな？

$$111 \times \boxed{?} = 12321$$

① 91　② 101　③ 111

Q906

シュークリームの「シュー」には、フランス語でどんな意味がある？

① キャベツ

② カステラ

③ ヨーグルト

Q907

次のうち、実際に存在する鳥の名前は？

① ウミネコ

② ウミイヌ

③ ウミゾウ

Q908

中国の思想書『論語』は、だれの言葉や行いをまとめたものかな？

① 孔子

② 荀子

③ 孫子

Q909

「 ? から手が出る」は、ほしくてほしくてたまらないことのたとえだよ。 ? に入る言葉は何かな？

① 口　② のど　③ 背中

Q910

こたえがもっとも小さいのは？

① $\frac{60}{61} - \frac{21}{61}$

② 0.28×2

③ $80 \div 85$

Q911

次のピアノ曲のうち、ショパンの作曲ではないものはどれ？

① 『別れの曲』

② 『小犬のワルツ』

③ 『英雄ポロネーズ』

④ 『愛の夢』

Q912

次のうち、関東地方でない県はどれ？

① 栃木県　② 群馬県　③ 静岡県

豆知識　Q911のショパン（1810〜1849年）はポーランドの作曲家。「ピアノの詩人」の異名があるよ。

Q913

事実にもとづいて書かれた文学作品や映画などを何という？

① フィクション

② ノンフィクション

Q914

冬の夜空にかがやく、こいぬ座のプロキオン、おおいぬ座のシリウス、 ? のベテルギウスを結んでできる三角形を、「冬の大三角」と呼ぶよ。 ? に入る星座の名前は何？

① さそり座

② カシオペヤ座

③ オリオン座

Q915

「升」は、容量の単位だよ。では、1升は約何ℓかな？

① 約0.8ℓ

② 約1.8ℓ

③ 約2.8ℓ

Q916

「雑木林」の正しい読みは？

① ざっきりん

② さつきはやし

③ ぞうきばやし

Q917

国際連合の機関の1つで、発展途上国や戦災国の子どもを救う活動をおこなっている組織は？

① ユネスコ　② ユニセフ

Q918

ほ乳類ではきわめてめずらしい、卵をうむ動物は？

① ラッコ

② ナマケモノ

③ カモノハシ

Q919

底面が縦5cm・横12cmの長方形で、体積が600cm³の角すいがあります。この角すいの高さは何cm？

① 10cm

② 20cm

③ 30cm

Q920

「気が置けない人」とは、どんな人のことをいった言葉？

① えんりょしなくていい人

② 油断ならない人

③ 落ち着きがない人

115ページのこたえ

Q898
①
「ゝ」や「々」は、同じ仮名や漢字をくり返して書くときの符号。

Q899
③
「とつ」「でこ」

Q900
③
道元は鎌倉時代、最澄と空海は平安時代の僧。

Q901
②
712年（和銅5）の成立。

Q902
③
神田神社（東京都千代田区）の祭礼。

Q903
①
行為の目的や目標となるものが「対象」、2つのことがらを照らし合わせくらべることが「対照」。

Q904
①
などと読む。

豆知識 Q919の角すいの体積は、次の公式から求めることができるよ。角すいの体積＝底面積×高さ×$\frac{1}{3}$

117

118〜119ページは、「イヌ」をキーワードにした学習クイズだよ。

116ページのこたえ

Q905 ③

Q906 ① シュークリームの名は、キャベツに形が似ていることからついたとか。

Q907 ① 鳴き声がネコに似て

Q908 ① 孔子は、今から約2500年も前の中国の思想家だよ。

Q909 ②

Q910 ②

Q911 ④ 一愛

Q912 ③ 静岡県は中部地方に属する県だね。

いることから。

の夢は、ハンガリーの作曲家であるリスト（1811〜1886年）の作品。

Q921

「犬も歩けば ？ に当たる」の ？ に入る言葉は何？
① 柱　② 人　③ 棒

Q922

「飼い犬に ？ をかまれる」の ？ に入る言葉は何？
① 手　② 足　③ 尻

Q923

「犬の遠吠え」とは、どんな人の、どんな行動をたとえた言葉？
① 目立つのが好きな人が、大声で自分自身をほめること
② 臆病な人が、かげでいばり、人の悪口をいうこと

Q924

「犬が西向きゃ尾は東」は、どんなことのたとえ？
① 当たり前のこと
② 簡単なこと
③ のんびりしていること

Q925

目の不自由な人を、安全に誘導できるよう訓練された犬のことを何という？
① かいじょ犬　② ちょうどう犬
③ もうどう犬

Q926

「犬飼星」の異名がある星はどっちかな？
① 彦星（アルタイル）
② 織り姫星（ベガ）

Q927

イヌは英語で「ドッグ」。ではそのつづりで正しいのはどれ？
① dog　② doog　③ dogg

Q928

国宝に指定されている犬山城があるのは何県？
① 長野県
② 愛知県
③ 熊本県

まめ知識 豆知識　Q928の犬山城のほか、日本の城では、姫路城・彦根城・松本城が国宝になっているよ。

Q929

次の動物のうち、イヌ科のほ乳類でないのは？

① オオカミ　② タヌキ

③ ハイエナ　④ ジャッカル

Q930

江戸時代後期の小説『南総里見八犬伝』の作者はだれ？

① 山東京伝

② 滝沢馬琴

③ 十返舎一九

Q931

「犬公方」と呼ばれた江戸幕府将軍の名は？

① 徳川秀忠

② 徳川綱吉

③ 徳川家斉

Q932

日本の童よう『犬のおまわりさん』で、迷子になっているのは？

① からす

② すずめ

③ 子猫

Q933

原産国（はじめてうまれた国）がイギリスなのは？

① ドーベルマン

② ダックスフント

③ ブルドッグ

Q934

チワワは、チワワ州原産の犬。では、そのチワワ州とは、どこの国にあるかな？

① カナダ

② メキシコ

③ スペイン

Q935

ドイツ原産の犬・シェパード。この「シェパード」という名には、どのような意味がある？

① ラッパ吹き　② 警察官

③ 羊飼い

Q936

闘犬として改良された、高知市原産のイヌはどれ？

① 土佐犬　② 紀州犬　③ 甲斐犬

117ページのこたえ

Q913
②

Q914
③「夏の大三角（Q638参照）」と混同しないよう気をつけてね！

Q916
③ いろいろな木が、入り混じって生えている林のこと。

Q915
②「一升瓶」という言葉はよく耳にするよね。

Q917
②「国連児童基金」ともいう。①の「ユネスコ」は、教育・科学・文化を通して、国際平和に貢献することを目的とした組織。

Q918
③

Q919
③

Q920
①

118ページ
のこたえ

Q937

濃度10%の食塩水が100gあります。この食塩水の濃度を5%にするためには、水を何gたせばいい？

① 90g ② 95g ③ 100g

Q938

喜びで気分がまい上がっていることを、「うちょうてん」というよ。では、この言葉を漢字で書くとどうなるかな？

① 有頂天
② 有頂点
③ 有頂転
④ 有頂典

Q939

フィリピンは、次のどの農作物の生産が多いことで有名かな？

① たまねぎ ② トマト
③ バナナ

Q940

日本国憲法が定める「国民の三大義務」の組み合わせとして、正しいのはどれ？

① 教育・衛生・勤労
② 教育・納税・勤労
③ 教育・衛生・納税

Q941

みんな平凡で、とくに優れたものがいないことを「　？　の背比べ」というよ。　？　に入る言葉は何かな？

① 落ち葉 ② どんぐり
③ いも虫

Q942

カボチャを漢字であらわしたとき、正しいのはどっち？

① 南瓜
② 西瓜

Q943

10時に家を出たこうた君を追いかけて、こうた君の弟が10時5分に家を出ました。こうた君の歩く速さが分速65m、弟の走る速さが分速90mのとき、弟がこうた君に追いつくのは何時何分になるかな？

① 10時13分 ② 10時16分
③ 10時18分 ④ 10時20分

豆知識 Q937の食塩水の濃度を求める式⇒濃度(%)＝とけている食塩の重さ(g)÷食塩水の重さ(g)×100

Q944

「喜劇王」の異名をもつチャップリン。彼の生まれた国はどこ？

① イタリア

② ドイツ

③ イギリス

Q945

乾電池の「直列つなぎ」と「並列つなぎ」、電流が強く流れるのはどっちだったかな？

① 直列つなぎ

② 並列つなぎ

Q946

「ごめんなさい」とあやまる場合の、「あやまる」の漢字はどっちかな？

① 謝る

② 誤る

Q947

次の計算のこたえはいくつ？

$$\frac{3}{4} \times 1\frac{2}{5} \div \frac{3}{8} = \boxed{?}$$

① $\frac{14}{5}$　② 3　③ $\frac{15}{5}$

Q948

オリンピックの第1回大会は、どこの国で開かれた？

① フランス

② ギリシャ

③ スウェーデン

Q949

「長い」を意味する英語はどれ？

① long（ロング）

② short（ショート）

Q950

「帯に短し たすきに長し」は、どんなことのたとえ？

① どんなことにも使えて便利

② 中途半端で役に立たない

Q951

式を成立させるためには、$\boxed{A}$ と $\boxed{B}$ にどんな記号を入れればいいかな？ 正しい組み合わせをえらんでね。

$$40 \ \boxed{A} \ 5 \ \boxed{B} \ 7 = 56$$

① A：＋　B：＋

② A：－　B：×

③ A：×　B：÷

④ A：÷　B：×

119ページのこたえ

Q929 ③ ハイエナは、ハイエナ科のほ乳類。

Q934 ② 類あわれみの令」という極端な動物愛護の法律をつくり、人々を苦しめた。

Q935 ③ 元来は牧羊犬（放牧中の羊の群れを見張るように訓練された犬）。

Q930 ② 曲亭馬琴ともいう。

Q932 ③

Q931 ② 江戸幕府第5代将軍・徳川綱吉は、「生

Q933 ③ ドーベルマン、ダックスフントはドイツの原産。

Q936 ①

豆知識 Q944のチャップリン（1889〜1977年）は、映画監督・コメディアン。アメリカに渡り成功をおさめた。

121

Q952

「全部なくなる」という意味の言葉はどれ？

① 底を突く
② 底が知れない
③ 底を割る

Q953

太陽の半径は、地球の半径の約何倍？

① 約8倍
② 約75倍
③ 約110倍

Q954

日清戦争（1894～1895年）と第1次世界大戦（1914～1918年）のあいだにおこった戦争は、次のうちどれ？

① 日露戦争
② 日中戦争
③ 太平洋戦争

Q955

「幸水」「豊水」「二十世紀」などの種類がある果物は何？

① みかん
② なし
③ ぶどう

Q956

100gの水に対し、食塩はだいたい36gとけます。では18gの食塩をとかすには、水は何g必要？

① 50g　② 100g　③ 150g

Q957

ジグソーパズルの「ジグソー」には、どんな意味がある？

① 建築
② あみだくじ
③ 糸のこぎり

Q958

A と B に入る言葉で、正しい組み合わせはどれ？

塩酸に A を入れると、 B が発生し、塩化鉄が生じる。

① A：銅　B：二酸化炭素
② A：銅　B：水素
③ A：鉄　B：二酸化炭素
④ A：鉄　B：水素

Q959

現在の神奈川県で開かれた武家政権はどれ？

① 鎌倉幕府
② 室町幕府
③ 江戸幕府

120ページのこたえ

Q937 ③

Q939 ③ とけている食塩の量は10gなので、全体の重さが200gになれば、濃度は5％になる。

Q943 ③ 1170m地点で、こうた君の弟はこうた君に追いつくことになる。

Q940 ②

Q941 ②

Q942 ① カボチャは「南瓜」、スイカは「西瓜」と漢字であらわす。

Q938 ① もとは仏教用語。

フィリピン産のバナナは、日本にもたくさん輸入されているよ。

豆知識 Q954の日清戦争は、朝鮮の支配権をめぐって日本と清（現在の中国）が争った戦争。

Q960

次のうち、20世紀を代表する画家であるピカソの有名な作品はどれかな？

① 『ひまわり』

② 『叫び』

③ 『ゲルニカ』

Q961

次のうち、大分県にある温泉はどれかな？

① 別府温泉　② 箱根温泉

③ 道後温泉　④ 草津温泉

Q962

「風林火山」の軍旗で知られる戦国大名の名前は？

① 伊達政宗

② 上杉謙信

③ 武田信玄

Q963

「弱？強食」の？に当てはまる漢字を入れ、四字熟語を完成させよう。

① 飯

② 肉

③ 魚

Q964

ツル（あしの数は2本）とカメ（あしの数は4本）が、合わせて25ひきいます。あしの数が全部で82本の場合、カメは何びきいることになるかな？

① 9ひき　② 12ひき

③ 16ひき

Q965

チョコレートやココアの原料になっているカカオ豆の生産量が、世界トップとなっているアフリカの国はどこ？

① トーゴ

② カメルーン

③ コートジボワール

Q966

ゆでて細かくさいたとり肉を、香辛料を加えたごまみそであえた有名な中国料理の名前は？

① バンバンジー

② ドンドンジー

③ ゴンゴンジー

Q967

次の植物のうち、常緑樹はどれ？

① サクラ

② サザンカ

③ イチョウ

121ページのこたえ

Q944 ③ チャップリンの代表作には、『モダンタイムス』『黄金狂時代』などがある。

Q945 ①

Q946 ① 「わびる」の意味では「謝る」、「まちがう」の意味では「誤る」をもちいる。

Q947 ①

Q948 ② 1896年に、ギリシャの首都アテネで第1回大会が開催された。

Q949 ① ②の「short（ショート）」は、「短い」という意味の英語だね。

Q950 ②

Q951 ④

**122ページ
のこたえ**

Q958
④

Q959
①

鎌倉幕府は、神奈川県の鎌倉で開かれた幕府。室町幕府は現在の京都府、江戸幕府は現在の東京都で開かれた。

Q952
①

Q953
③

日中戦争（1937〜1945年）、太平洋戦争（1941〜1945年）。

1905年、

Q955
②

Q956
①

Q957
③

Q954
①

日露戦争（1904〜

地球の半径（赤道半径）は約6380km、太陽の半径は約69.6万km。

Q968

時計の長針は1分間に何度動く？

① 0.5°

② 6°

③ 12°

Q969

二酸化炭素の性質として、まちがっているものはどれ？

① 色やにおいがない

② 空気より軽い

③ 石灰水を白くにごらせる

④ ものを燃やすはたらきはない

Q970

生産額が全国1位の工業地帯はどこ？

① 京浜工業地帯

② 阪神工業地帯

③ 中京工業地帯

④ 北九州工業地帯

Q971

「派手」の対義語はどれ？

① 誠実

② 地味

③ 暗黒

Q972

「坪」は、土地や建物の面積に使われる単位だよ。では、1坪は約何㎡かな？

① 約3.3㎡　② 約6.6㎡

③ 約9.9㎡

Q973

日本初のラジオ放送は何年のこと？

① 1885年

② 1905年

③ 1925年

Q974

戦国大名の織田信長は、何という寺に滞在しているとき、家臣の明智光秀に襲われ命を落とした？

① 円覚寺　② 本能寺　③ 善光寺

Q975

はがきや写真のように、薄いものを数える際にもちいる助数詞はどれ？

① 種

② 葉

③ 枝

豆知識　Q970であげた4つの工業地帯をあわせて、「四大工業地帯」と呼ぶよ。

Q 976

直線の道に100本の木を5m間隔で植えた場合、1本目の木から100本目の木までの距離は何mになる？

① 495m　② 500m
③ 505m

Q 977

次の物質のなかで、密度がもっとも大きいのは？
① 金　② 銀　③ 銅

Q 978

スイスが世界最大の輸出国となっている製品はどれ？
① 航空機
② 携帯電話
③ 時計

Q 982

円グラフは、みかんの日本における収穫の割合を、都道府県別に示したものです。
　?　に入る県名を答えてね。
① 広島県
② 宮崎県
③ 和歌山県

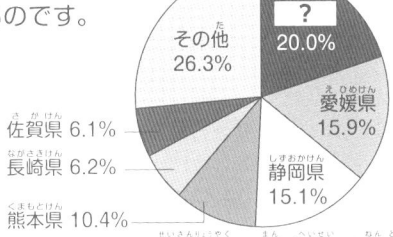

その他 26.3%
? 20.0%
愛媛県 15.9%
佐賀県 6.1%
長崎県 6.2%
熊本県 10.4%
静岡県 15.1%
生産量約81万t（平成28年度）

Q 979

次のような性質をもつ水よう液は、酸性？　それとも、アルカリ性？

・青色リトマス紙を赤色にかえる
・BTB液を入れると黄色になる

① 酸性
② アルカリ性

Q 980

「事前に十分用心しておけば、失敗することはない」という意味の「転ばぬ先の　?　」。　?　に入る言葉は何かな？
① 石　② つえ　③ くつ

Q 981

動物性食品はどっち？
① バター
② マーガリン

カードに書かれた文字を使って、クイズのこたえを完成させよう。
1枚だけ必要のないカードがあるから、まどわされないように注意してね！

124ページのこたえ

Q968 ②
自動車工業などの機械工業が中心（Q504参照）。

Q969 ②
二酸化炭素の重さは、空気の約1・5倍。

Q970 ③
この1582年（天正10）の

Q971 ①
「1枚、2枚」のように、はがきや写真は「枚」を使うことも多いよ。

Q972 ①

Q973 ③

Q974 ②
60分（1時間）で360度動くので、1分間では6度。

Q975 ②
できごとを、「本能寺の変」というよ。

Q983

794年（延暦13）から1869年（明治2）まで、日本の都はどこだった？

| 平 | 藤 | 京 | 安 |

Q984

「御成敗式目」の制定にかかわった、鎌倉幕府第3代執権の名は？

| 時 | 宗 | 条 | 泰 | 北 |

Q985

明（現在の中国）と貿易をおこなった室町幕府第3代将軍の名は？

| 満 | 氏 | 足 | 義 | 利 |

Q986

茶道を大成させた、安土桃山時代の茶人の名は？

| 一 | 休 | 利 | 千 |

Q987

「雪とけて 村いっぱいの 子どもかな」。この句をつくった江戸時代の俳人の名は？

| 茶 | 林 | 高 | 一 | 小 |

Q988

国の外交に関する仕事を担当している省は？

| 務 | 外 | 財 | 省 |

Q989

ドイツの首都は？

| ル | ベ | リ | ロ | ン |

Q990

首都はサンティアゴ。南北に細長い南アメリカの国の名は？

| リ | ワ | チ |

 まめちしき 豆知識　Q984の御成敗式目は、51か条からなる鎌倉幕府の法律。1232年（貞永元）の成立。

Q991

整数部分と分数部分とでできている、$1\frac{1}{3}$、$2\frac{1}{2}$ のような分数を何という？

数 帯 真 分

Q992

6つの合同な正方形で囲まれている立体を何という？

方 面 体 立

Q993

日本の国鳥は？

ツ ジ キ

Q994

プレアデス星団（おうし座にある6つの星の集まり）の別名は？

ご る ば す

Q995

日本の上空に吹き、天気に影響を与えている西から東へふく風の名称は？

偏 東 風 西

Q996

あわてふためき、混乱しているようすをあらわす四字熟語は？

往 往 復 左 右

Q997

「昔のことを学び、新しい知識を得る」という意味の四字熟語は？

故 古 温 新 知

Q998

「昔から今まで、あらゆる場所で」という意味の四字熟語は？

今 古 北 東 西

Q999

「いまだかつて聞いたことがないような、めずらしいこと」という意味の四字熟語は？

聞 前 見 代 未

Q1000

「最後がすべて、めでたく終わること」を意味する三字熟語は？

結 団 大 円

125ページのこたえ

Q976 ①

Q977 ①密度の大きさは、金・銀・銅の順。

Q978 ③ スイスでは、時計のような精密工業のほか、牧畜、観光業、国際金融業などの産業が発達しているよ。

Q979 ① アルカリ性の水よう液の場合は、赤色リトマス紙を青色にかえ、BTB液を入れると青色になる。

Q980 ②

Q981 ① バターの原料はウシの乳、マーガリンの原料は植物油。

Q982 ③

126ページ のこたえ	Q983 平安京	Q984 北条泰時	Q985 足利義満
	Q986 千利休	Q987 小林一茶	Q988 外務省
	Q989 ベルリン	Q990 チリ	

127ページ のこたえ	Q991 帯分数	Q992 立方体	Q993 キジ	Q994 すばる
	Q995 偏西風	Q996 右往左往	Q997 温故知新	
	Q998 古今東西	Q999 前代未聞	Q1000 大団円	

【制作】東京学習クイズ研究会

【イラスト】ツヅキハジメ

【デザイン】ねころのーむ

※本書内で使用した各種データは、各省庁及び各都道府県・市町村が
　公表しているデータを基にしています。
※本書内のクイズは、2018年7月現在の情報をもとに作成しています。

楽しみながら学力アップ！　小学生の学習クイズ1000

2018年10月15日　第1版・第1刷発行

著　者　東京学習クイズ研究会（とうきょうがくしゅうくいずけんきゅうかい）
発行者　メイツ出版株式会社
　　　　代表者　三渡　治
　　　　〒102-0093 東京都千代田区平河町一丁目1-8
　　　　TEL：03-5276-3050（編集・営業）
　　　　　　　　03-5276-3052（注文専用）
　　　　FAX：03-5276-3105
印　刷　株式会社厚徳社

ご意見・ご感想はホームページから承っております
メイツ出版ホームページアドレス http://www.mates-publishing.co.jp/

編集長：折居かおる　副編集長：堀明研斗
企画担当：大羽孝志／清岡香奈

※本書は2012年発行の『楽しくできる！　小学生の学習クイズ1000』を元に加筆・修正
を行っています。